공부는 예배다

공부는 예배다

박철범 지음

나의 존재 이유와
배움의 목적을 깨닫는
기적의 공부법

다산에듀

일러두기

본문의 성경 구절은 대한성서공회의 개역한글판을 따라 마침표가 없으며,
문맥에 따라 현대어로 바꾼 부분도 있음을 밝힙니다.

네가 땅에 뿌린 종자에 주께서 비를 주사

땅이 먹을 것을 내며 곡식으로 살찌고 풍성케 하실 것이며

그날에 네 가축이 광활한 목장에서 먹을 것이요

(이사야 30:23)

개정판을 시작하며

세상 사람과 다르게 공부해야 하는 이들에게

어려서부터 부모님 손에 이끌려 교회에 다닌 나는 스스로가 하나님과 예수님에 대해 충분히 알고 있다고 생각했다. 그러나 어린 나에게 하나님은 그저 성경이라는 오래된 이야기책에 등장하는(대부분은 재미없는) 한 인물에 불과했다. 그러다 중학생이 되고부터 성경을 제대로 읽기 시작했고 고등학생이 되어서는 신의 존재, 신과 나의 관계에 대해 생각하기에 이르렀다. 그때부터 의문이 끊이지 않고 생겨났다.

- 신은 정말로 존재하는가?
- 만약 하나님이 존재한다면, 그는 나를 지켜보고 있는가?

- 하나님은 내 삶을 인도하는가? 그렇다면 그건 어떤 방식인가?
- 하나님은 내가 공부를 잘하길 원하시는가?
- 일요일에 교회에 가면 공부할 시간이 그만큼 줄어드는데, 거기에 대해 그는 어떤 보상을 하는가?
- 하나님은 정말로 나의 미래를 세심하게 준비하고 계실까?
- 하나님의 사랑이나 관심을 내가 어떻게 느낄 수 있을까?
- 하나님은 내가 어떻게 살기를 바라실까?

쉽게 답을 얻을 수 없는 많은 질문이 십 대의 나를 괴롭혔다. 질문에 대한 내 나름의 답을 얻기까지 거의 10년 가까운 세월이 걸렸다. 그동안 나는 수많은 실패를 경험했고 그 긴 시간 동안 끊임없이, 깊이 묵상하면서 비로소 답을 얻을 수 있었다.

우리 크리스천들의 공부는 세상 사람들의 그것과는 조금 다르다. 우리가 하는 공부는 하나님의 성품을 제대로 아는 것에서 출발해야 한다. 하나님에 대해 오해하는 사람의 마음속에는 의문과 원망이 생기기 쉽다. 예컨대 '만약 하나님께서 예배에 참석한 사람을 도와주셔서 공부를 잘하게 해주신다면 그런 하나님은 불공평한 것 아닐까?'라는 의문이 생길 수 있다. 또 '성경은 누구든 지혜를 구하면 주겠노라, 두드리면 열겠노라 약속하는데 왜 기도하는 내 삶은 바뀌지 않을까?' 하는 원망도 생길 수 있다.

이 책은 그런 고민에 대한 내 나름의 해답을 적은 것이다. 물론 내가 말하는 것들이 반드시 진리라고 주장할 생각은 없다. 다르게 생각하는 사람도 있을 수 있고, 어쩌면 그게 정답일지도 모른다. 그런데도 이 책을 쓰는 이유는, 그때의 나처럼 고민하고 있을 크리스천 청소년 또는 청년 후배들에게 내 삶을 변화하고자 몸부림쳤던 그 고민의 여정이 조금이나마 보탬이 되지 않을까 하는 기대감이 있기 때문이다.

참고로 이 책은 하나님을 이용해서(?) 성적을 올리는 신통방통한 비법을 이야기하지는 않는다. 내심 그런 것을 기대했다면 조용히 책장을 덮고, 이 책을 읽을 시간만큼 수학 문제집을 더 들여다보는 게 낫겠다. 물론 이 책에도 '성경이 말하는 공부의 지혜'를 학습에 적용할 수 있도록 정리한 부분이 있다. 하지만 그게 이 책의 전부는 아니다. 내가 크리스천 후배들에게 정말 하고 싶었던 이야기는 '하나님의 훈련학교'를 멋지게 통과하는 비결에 관한 부분이다.

이 책을 읽을 요즘 독자들은 내가 십 대에 겪은 상황과는 조금 다른 환경에서 공부하고 있을지도 모르겠다. 그러나 청소년기·청년기가 '하나님의 훈련학교' 시절이라 본다면, 모든 크리스천 학생은 같은 선에 서 있다. 받은 재능이나 환경은 다르지만, 하나님 앞에 자신이 어떠한 사람인지 증명해야 한다는 점에서 모두 같은 존재다. 하나님은 특별한 이유로 당신을 크리스천이 되도록 부르셨다. 또한 하나님은 당신의 삶을 통해 펼치시려는 일이 분명히 있다. 그게 무엇인지 나는 알 수 없지만, 그분은 늘 그런 방식으로 일하신다. 하나님이 당신을 '훈련학교'에 넣은 이유는 모종의 '배움'을 전달하기 위해서다. 머지않아 당신은 하나님의 '평가'를 받게 될 것이다(잠언 20:11). 이 책의 목적은 그날의 당신이 하나님으로부터 칭찬을 받을 수 있도록 돕는 것이다.

성경을 보면 어떤 주인이 종들에게 각각 액수가 다른 달란트(당시의 화폐)를 맡기고 먼 여행을 떠나는 이야기가 나온다. 어떤 종에게는 5달란트를 줬고 어떤 종에게는 2달란트, 어떤 종에게는 1달란트를 맡겼다.

세월이 지난 후 5달란트를 받은 사람은 장사해서 5달란트를 남겼고, 2달란트를 받은 사람은 2달란트를 남겼다. 주인이 돌아와서 그 종들을 칭찬했는데, 5달란트를 남긴 사람을 가장 칭찬했을 것 같지만 그렇지 않았다. 5달란트 남긴 사람이나 2달란트를 남긴 사람 모두 토씨 하나 틀리지 않은 똑같은 칭찬의 말을 들었다(마태복음 25:14-30).

이것이 하나님의 평가 방식이다. 우리가 하나님께 받은 것은 모두 다르다. 천성이 다르고, 재능이 다르며, 환경도 다르다. 만약 우리가 공부로 하나님 앞에 뭔가를 남겨야 하는 상황이라면 하나님이 기대하시는 것은 당신의 높은 성적도, 대학 입학도, 시험 합격도 아니다. 단지 그분은 그 과정에서 우리가 어떤 모습을 보이는지를 바라볼 뿐이다. 만약 당신이 하나님께서 원하는 모습이 됐다면 당신은 합격할 것이고, 하나님은 당신에게 멋지고 놀라운 미래를 열어주실 것이다.

부디 이 책이 고민하는 당신에게 적절한 해답을 주길, 그래서 이 시대의 작은 다윗과도 같은 당신이 훗날 하나님의 멋진 일꾼이 되어 다른 사람들 사이에서도 아름답게 빛나길 진심으로 기도한다.

박철범

차례

Part 2
크리스천
공부법
실천 가이드

Part 3
점수가 아닌
영성을 쌓아가는
'공부'라는 길

에피소드

공부의 출발점에서 우리가 떠올려야 하는 것

◆ 민지의 속마음

곧 예배가 시작될 시간. 교회 안은 이미 사람들로 북적거렸고 민지를 보는 사람마다 "잘 지내고 있니?" "별일 없지?" 하며 반가운 얼굴들로 인사를 해왔다. 민지는 억지로 웃으면서 서둘러 자리에 앉았다. 그러고는 사람들이 제발 말 좀 걸지 않았으면 좋겠다는 마음으로 스마트폰을 꺼냈다. 오늘 교회에 나오기로 한, 그러나 아직 오지 않은 혜빈이에게 어디냐고, 빨리 오라고 톡을 보냈다. 잠시 후 도착한 답장.

민지야, 미안. 나 할 게 너무 많아서 잠시 도서관에 왔어. ㅠㅠ 조금만 하다가 집에 가서 자려고. ㅋㅋㅋ

이 배신자! 자기만 살겠다고 도서관에 갔다 이거지? 조금만 공부하고 잘 거라는 혜빈이의 말을 믿을 수 없다. 좀 있으면 시험이니 혜빈이는 거기서 밤늦도록 공부할 게 분명하다. 아, 스트레스가 몰려온다. 아직 늦지 않았다. 이제라도 도서관에 가볼까? 딱히 공부가 하고 싶은 건 아니지만 거기 앉아 있으면 적어도 이렇게 스트레스를 받거나 불안에 떨 일은 없을 것이다.

그렇지만 어릴 때부터 다니던 교회라서 하루라도 빠지면 온종일 전화통에 불이 날 게 뻔하다. "민지야, 오늘 왜 안 보이니? 많이 바쁘니?" "요새 무슨 일 있어? 교회에 충실해야 하나님도 도와주시지." 등등. 졸지에 나는 믿음 없는 학생으로 전락하고 만다. 그건 싫다.

'적당히 얼굴 비치다가 어서 빠져나가야지.'

◆ 혜빈이의 속마음

도서관에서 공부하던 혜빈이는 민지에게 답장을 보낸 후, 다시 책을 펼쳤다. 하지만 아까처럼 집중이 되지 않았다. 마음이 불편해졌기 때문이다. 친구의 부탁을 거절한 자신이 마치 나쁜 사람이 된 것만 같았다.

혜빈이는 솔직히 민지가 부담스럽다. 민지가 착하고 좋은 친구인

건 맞지만 한 가지 흠을 고르자면, 그건 민지가 크리스천이라는 사실이다. 그들은 왜 주위 사람들을 가만히 두질 못할까? 교회에 못 나가겠다는 핑계도 하루 이틀이지, 자꾸 거절하다 보니 이제 관계가 소원해지는 느낌마저 든다.

솔직히 말해서 크리스천이라 하면 '루저' 같은 느낌도 든다. 자기 자신을 믿지 못하니까 의지할 다른 대상을 찾는 것 아닐까? 이게 혜빈이의 진짜 마음이었다. 유일하게 혜빈이가 믿는 단 하나의 사실은, '신이란 마음 약한 인간이 만들어낸 최고의 발명품'이라는 생각이었다.

'교회에 다니면 마음의 위안을 얻는다고? 난 그런 거 필요 없어.'

혜빈이는 민지처럼 되고 싶지 않다. 저렇게 열심히 교회에 나가는 민지를 보니 더 그렇다. 결정적으로 민지는 나보다 공부를 못하고, 나보다 많이 아는 유일한 정보는 연예인들 소식뿐이다. 언젠가 민지가 누군가를 험담하는 것도 들은 적이 있다. 교회 다닌다는 애가 뭐 저래?

혜빈이는 민지를 볼 때마다 묻고 싶었지만, 차마 입 밖으로 꺼내지 못한 말이 있다.

'넌 도대체 왜 교회에 다니니?'

◆ 김소희 권사의 속마음

김소희 권사는 교회가 좋다. 교회가 아닌 곳에서는 그저 '민지 엄마' 또는 '아줌마'일 뿐이지만, 이곳에서는 누구나 자신을 '권사님'이라 부른다. 딱히 권위 의식이 있다고 생각한 적은 없으나 그래도 사람들에게 '무슨무슨 님'이라 불리는 건 가히 기분 좋은 일이다.

이곳에서는 존경받을 수 있고, 주어진 할 일이 있으며, 나름 보람도 얻는다. 그래서인지 교회 일이라면 누구보다 앞장서서 팔을 걷어붙였다. 헌금도 또래 엄마 중에서는 가장 많이 해왔던 것 같다.

그러나 민지가 '나처럼 살길 바라나?' 하고 생각하면 그건 또 아니었다. 어차피 교회도 사회 아닌가? 경제적 수준에 따라, 조직 안의 지위에 따라 차별은 존재한다. 이건 어쩔 수 없는 일이다. 교회라는 사회 속에서 우리 딸 민지는 상처받지 않고 사람들에게 사랑받는 아이가 되길 바란다.

김 권사가 가장 부러워하는 사람은 승철이 엄마다. 가난하게 살아도 저렇게 아들 하나 명문대에 보내고 나니 교회 사람들 누구도 그를 무시하지 못한다. 언젠가 승철이 엄마 앞에서 아무 생각 없이 이번에 새로 분양받은 아파트 이야기를 꺼낸 적이 있었다. 그 말을 들은 승철이 엄마가 배알이 꼴렸는지 갑자기 명문대에 진학한 자기 아들 이야기를 시작하는 게 아닌가! 뽐내려고 꺼낸 이야기가 아니었는데, 뒤늦게 생각하니 승철이 엄마는 그렇게 느꼈을 법도 하다. 그래도 그렇지 막상 남의 집 자식 자랑을 끝까지 다 듣고 나니 울화가 치밀었다. 애당초 아파트를 시세보다 싸게 샀다는 이야기는 공부 잘하는 자식 자랑 앞에 상대가 될 리 없었다. 그날 속상한 마음에 집에 와서 애꿎은 민지만 달달 볶아댔다.

우리 민지도 공부 좀 잘했으면 좋겠는데, 시험을 앞두고 매번 교회에 있는 모습을 보니 솔직히 불안한 마음도 든다. 교회에서는 그래도 엄연한 권사인데 믿음 없는 엄마로 비칠까 봐 주일에 빠지지 말라고는 하지만, 내심 "엄마! 나 공부해야 해서 오늘은 도서관에 갈게. 좀 봐줘!"라고 당차게 외치는 딸의 모습도 보고 싶다.

'저건 평소에는 죽어라 말 안 듣더니, 왜 이런 말은 잘 듣는 거야?'

◆ 승철이의 속마음

명문대생 승철이는 사실 하나님이 정말로 있다고 믿지 않는다. 그런데도 교회에 나오는 이유는 어머니에게 실망을 안기고 싶지 않아서다. 아들이 착실히 교회에 나오고 공부까지 잘하는 게 어머니 삶의 유일한 낙이라는 사실을 누구보다 잘 알고 있다.

승철이 집은 어머니가 간병인과 아이 돌보미를 하면서 번 돈으로 빠듯하게 생활한다. 아버지는 직장을 잃은 후 사업을 하겠다며 이곳저곳에서 돈을 끌어 쓰다가 오히려 가계 빚만 늘렸다. 이제는 집에 잘 들어오지도 않고, 온다 해도 생활비를 보태는 일은 거의 없다. 차라리 들어오지 않는 편이 조용하다. 집에 들어와 술이라도 마시면 괴물로 변하니까. 그날 우리 집은 지옥으로 변한다. 어머니를 때리는 건 예사며, 승철이도 피가 나도록 맞은 적이 있다. 어떻게 사람이 자기 자식을 그렇게 대할 수 있을까?

승철이가 교회에 나오는 이유는 민지 때문이다. 말씀은 지겹고, 사람들과 부딪치며 인사하는 일은 피곤하지만 그래도 일요일에는 민지를 볼 수 있다. 처음에는 그것 하나만으로도 족했다. 굳이 자신을 봐주지 않아도, 저렇게 친구들을 향해 활짝 웃고 있는 민지의 옆모습만 봐도 행복했다. 그런데 요즘 민지가 내 시선을 피하는 게 느껴진다. 오늘도 반갑게 인사했지만, 다른 곳을 보면서 "응." 하고 짧게 대답한 뒤 이내 나를 비껴갔다. 자리에 앉아 스마트폰을 만지는 민지를 보면서 승철이는 설명하기 어려운 슬픔을 느꼈다.

승철이는 신이 존재한다면 이런 일들이 일어날 수 없다고 믿었다. 민지에게 외면이나 무시당할 일을 한 적이 없기 때문이다. 공부? 내가 공부를 잘했던 것은 하나님께서 도와주셔서가 아니라 순전히 내 노력 때문이었다. 교회는 나에게 오히려 상처만 줬다. 없는 집 자식이라며 무시했고, 시험공부로 교회에 빠지면 위로는커녕 믿음이 없다며 손가락질했다. 그러던 사람들이 승철이가 명문대에 진학하자 태도가 돌변했다. 승철이는 그들을 보면서 기독교인들이 참 가식적이라고 생각했다. 자신이 교회에서 받은 것은 상처뿐인데, 교회 사람들은 마치 교회가 키운 인재인 듯 자신을 대하는 것도 화가 났다.

"하나님께서 도와주셔서 명문대에 진학한 승철이를 좀 보라"고 격앙된 목소리로 얘기하는 학생회 전도사님을 보는 승철이의 속마음은 사실 이랬다.

'…웃기고 있네.'

속마음을 얘기한 주인공들에게는 한 가지 공통점이 있다. 공부와 신앙 사이에서 균형을 제대로 잡지 못하고 있다는 점이다. 어쩌면 이는 우리 모두의 문제일 수 있다. 한 번쯤은 겪어봤을 내 모습이기도 하다. 하나님이 어떤 분이신지, 그분이 우리에게 요구하시는 삶의 자세가 무엇인지를 오해하면 이렇듯 신앙의 기준이 흔들리고 믿음은 사라진다. 결국 '자기 소견에 옳은 대로' 행동하면서 하나님의 뜻대로 사는 삶과는 영영 멀어지게 된다.

바로잡아야 할 부분은 출발점이다. 크리스천에게 공부의 출발은 '하나님이 어떤 분인지'를 아는 데에서 시작한다.

하나님은 실제로 살아 계신 분이며, 자신을 믿고 찾는 이들에게 넘치는 은혜를 부어주신다. 그렇기에 그분은 우리에게 필요한 지혜와 자원을 모두 제공하신다. 우리가 할 일은 올바른 동기와 자세로 출발하는 것뿐이고, 이 책은 당신이 그럴 수 있도록 돕는 목적으로 쓰였다. '공부'라는 길이 더는 당신에게 두려움이 아니었으면 한다. 즐거움과 평안함으로 가득한 여정이길 바라며 내 이야기를 시작한다.

네 하나님 여호와께서 이 사십 년 동안에
네게 광야 길을 걷게 하신 것을 기억하라
이는 너를 낮추시며 너를 시험하사
네 마음이 어떠한지 그 명령을 지키는지
아니 지키는지 알려 하심이라
(신명기 8:2)

Part 1

믿는 사람들의 공부는 달라야 한다

질문하기

“나는 왜 공부할까?”

모세는 이스라엘 사람들이 이집트에서 노예 생활을 하고 있을 때 태어난 사람이다. 그는 우여곡절 끝에 당시 지배국이던 이집트의 왕자가 되었다. 모세는 노예로 생활하는 자기 백성들을 불쌍히 여겼고, 그들을 위해 봉사하고 싶어 했다. 그것은 누가 보더라도 훌륭한 태도였다.

그러나 청년 모세에게 기회는 허락되지 않았다. 정확히 말하면 어떤 사건에 휘말리며 오히려 그의 삶은 처참해졌다. 왕자의 신분이던 모세는 어느 날 갑자기 사람을 죽인 죄인이 되었고 끝없이 광야를 떠도는 신세로 전락했다.

모세는 선한 의도를 가지고 있었고, 백성들의 삶을 자주 돌아볼 만큼 성실한 사람이기도 했다. 한데 하나님은 왜 이런 일이 일어나도록 그냥 두셨을까? 혹시 하나님이 원하시는 것과 모세가 바란 삶이 서로 달랐던 건 아닐까?

우리가 아무리 멋진 계획을 세우고 애쓰더라도 그 노력의 '방향'은 하나님의 뜻과 맞아야 한다. 그렇지 않으면 하나님은 때때로 우리의 삶을 가로막는다. 하나님은 이스라엘 백성이 좀 더 편하게 생활하는 것이 아니라 독립해 새로운 국가를 세우길 바라셨다. 그리고 그 과정에서 모세가 일정한 역할을 해내기를 기대하셨다. 자신을 향한 하나님의 뜻을 알기 위해 모세는 40여 년 세월을 광야에서 보낸 셈이다. 그가 그 뜻을 깨닫고 받아들인 순간, 모세의 삶과 이스라엘 민족의 역사에 드디어 새바람이 불기 시작했다.

좋은 변화란 하나님께서 우리에게 두신 뜻과 우리의 노력 방향이 일치할 때 일어난다. 따라서 어떤 노력을 하기 전에 하나님께서 원하시는 게 무엇인지, 내가 어떠한 길을 걷기 바라시는지에 대한 '그분의 참뜻'을 찾아야만 한다. "어떻게 하면 어제와는 다른 변화를 끌어낼 수 있을까"를 묻기 전에 "나를 향한 하나님의 뜻은 무엇인가"를 먼저 물어야 하는 이유가 여기에 있다.

그렇다면 과연 그 '뜻'이라는 건 대체 무엇일까? 어떻게 하면 그 뜻을 알아챌 수 있을까? 하나님은 왜 우리를 공부하도록 하셨으며, 앞으로 우리는 무엇을 해야 하는 걸까?

이러지도
저러지도 못해
방황하던 고3 시절

"우리 학교에서 일요일 자습은 의무인데, 네가 이기적이라는 생각은 안 드니?"

고3 담임선생님이 나직하게 물으셨다. 울컥했다. 내가 이기적이라는 선생님 생각에 쉽게 동의할 수 없었다. 단지 일요일에 교회에 가겠다는 것인데, 어째서 그게 이기적인 행동이 된단 말인가. 명백한 휴일에 학생들을 학교로 불러 모아 억지 공부를 시키는 학교야말로 이기적인 것 아닐까?

아무런 대답도 하지 않던 내게 선생님은 재차 물으셨다.

"네가 그런 이유로 자습에 빠지는 게 옳다고 치자. 그렇다면 지금 교실에서 공부하는 다른 아이들이 각자만의 이유로 모두 자습에 빠져도 괜찮다는 거야?"

"그런 건 아니지만…."

"그게 아니면 뭔데? 다른 애들은 안 되지만 너는 된다는 거야? 그게 이기적인 게 아니고 뭐냐? 네가 교회 다니면서 배운 게 그런 태도야?"

"…알겠습니다."

선생님과 이야기를 마치고 교실로 돌아와 자리에 앉으면서 왠지 모를 답답함과 혼란을 느꼈다. 공부가 손에 잡히지 않았다. 어떻게 보면 선생님 말씀이 맞나 싶어서 반박할 논리가 떠오르지 않았다. 그저 세상의 핍박에 굴복한 나약한 크리스천이 된 기분이었다. 나는 지금 하나님 뜻대로 살지 못하고 속세에 휩쓸린 채 살아가고 있는 것 아닐까?

결국 가방을 챙겨서 선생님 몰래 학교를 빠져나왔다. 고3이어도 오늘은 일요일이니 교회에 가봐야겠다는 생각이 들어서였다. 거리에 나서서 어느새 어둑해진 하늘을 쳐다보니 비가 추적추적 내리고 있었다. 일요일이라 그런지 한눈에 봐도 기독교인처럼 보이는 이들이 우산을 든 채 걸어 다니고 있었다. 깨끗한 양복을 입고 옆구리에 두꺼운 성경책을 끼고 있는 저 아저씨, 뭐가 그리 즐거운지 연신 싱글벙글거리면서 곱게 차려입은 할머니들과 이야기꽃을 피우고 있었다. 맞은편에서는 하얀 티셔츠와 청바지를 입은 젊은 남녀 무리가 화기애애하게 웃으며 걸어왔다. 그들이 내 옆을 스칠 때, 등 뒤에 'I ♡ JESUS'라고 적힌 문구가 눈에 들어왔다.

내가 다니던 교회는 규모가 매우 작았다. 1층에는 새마을금고, 3층에는 피아노학원이 있는 상가건물 2층에 100명도 안 되는 성도들이 삼삼오오 모이고 있었다. 우산을 접고 어두컴컴한 계단을 따라 2층으로 올라갔다. 계단 통로는 벌써 찬양 소리로 가득했다. 나는 그 목소리의 주인공이 내 또래 친구들이라는 사실을 단번에 알아차렸다. 학생회 모임은 이미 끝났을 시간이지만, 이후에 딱히 할 일이 없는 친구들이 교회에 남아 피아노 반주에 맞춰 찬양을 부르고 있을 터였다.

그런데 다 올라와서 교회 문을 열려는 순간, 갑자기 망설여졌다. 문득 이유를 알 수 없는 슬픔이 몰려왔기 때문이다. 그 감정에 당황한 나머지 2층을 그대로 지나쳐 피아노학원이 있는 3층까지 계속 올라갔다. 일요일이라 학원은 문을 닫았을 것이고 교회 사람들이 여기까지 올라올 일은 없었다. 나는 어두컴컴한 계단에 가만히 쭈그리고 앉아 찬양 소리를 들었다.

"하나님 사랑의 눈으로 너를 어느 때나 바라보시고…."

거짓말! 저 찬양을 부르고 있는 아이들은 정말 가사처럼 믿고 있는 걸까? 만약 그분이 사랑의 눈으로 나를 보고 계신다면 이렇게 힘들 리가 없지 않나? 나를 둘러싼 최악의 상황들은 어떻게 설명할 수 있을까? 이딴 게 정말 하나님의 사랑이야?

“어두움에 밝은 빛을 비춰주시고 너의 작은 신음에도 응답하시니….”

작은 신음에도 응답하신다는 하나님은 지금 어디에 계신 걸까? 내 기도를 듣고는 계실까? 갑자기 눈시울이 뜨거워졌다. 나의 삶은 엉망이 되어가고 있었다. 장애인인 아버지, 빚쟁이에게 쫓기는 어머니, 밭일하다 쓰러지신 외할머니, 시골 동네에서 손에 꼽을 정도로 동정받는 가난한 집안 환경. 그리고 무엇보다 그런 상황에서 아무것도 할 수 없는 나. 잘난 것도 없고 할 줄 아는 것도 없는 십 대의 나는, 하나님께 도와달라고, 삶을 변화시켜 달라고 많은 날 기도했다. 그러나 상황은 좀처럼 변하지 않았다.

이기적이라는 말까지 들으면서 학교에서 도망쳐 나왔어도, 찬양대에 올라선 친구들이 볼 때 나는 학생회가 끝나고야 겨우 얼굴을 비추는 ‘아웃사이더’ 같은 존재일 것이다. 성적은 오르기는커녕 떨어지기만 했고 내 미래는 그야말로 불투명했다.

삶의 균형을 잃어버리고 있다는 생각이 들었다. 교회에 다니고 있어도 누구에게나 칭찬받을 신실한 형제는 아니었다. 학교에서도 그랬다. 미래가 기대되는 학생 축에는 끼지 못했다. 어디에도 속하지 않은 외톨이가 바로 나였다.

어두운 곳에 빛을 비춰주신다는 하나님의 도우심은 어디에 가야 찾을 수 있을까? 적어도 어두컴컴하고 거미줄 쳐진 이 계단에는 없었다. 작은 신음에도 응답하신다는 그분의 음성은 과연 언제쯤 들려주실까? 며칠 뒤면 수능인데, 몇 년 동안 이어진 내 기도에 하나님은 여전히 응답이 없다. 마음 깊숙이 스미는 서늘한 비가 내리던 날, 하나님의 손길을 절실히 원하던 나는 원망과 혼란 속에서 절망적인 생각만 계속하고 있었다.

당신은 명단에 없습니다

대학에 원서를 넣고 초조하게 기다리던 시절, 당시 나에게는 한 가지 철칙이 있었다. 어떤 결과든 합격자 발표가 뜨면 인터넷이 아니라 반드시 '전화'로 확인할 것. 피시방에서 게임을 하고 있을 때 발표가 나더라도 절대 홈페이지에 접속하지는 않았다. 이름 석 자를 입력한 뒤 클릭만 하면 곧바로 합격 여부가 뜨는 방식이 영 마음에 들지 않아서였다. 약간의 긴장을 즐기며 조심스레 결과를 확인하고 싶은 사람에게 그 어떤 배려도 없는 시스템이 잔인하게만 느껴졌다. 설령 마음의 준비를 모두 마치고 클릭하더라도 '사용자 폭주로 페이지를 표시할 수 없습니다' 따위의 창이 뜨면 말할 수 없는 분노가 치밀었다. 기껏 긴장감을 가라앉혔는데, 그 마음이 농락당한 기분이 들었다. 그래서 나는 합격 결과는 항상 전화로 확인하곤 했다.

그날도 그랬다. 원하던 대학의 합격자 발표가 있던 날, 나는 어지러운 마음을 달래려고 집 근처 피시방으로 향했다. 한창 게임에 몰두하고 있을 무렵 주머니 속 핸드폰이 진동했다. 합격자 명단이 발표되었으니 확인해 보라는 문자 신호였다. 나는 즉시 합격자 발표 안내 ARS로 전화를 걸었다. 안내에 따라 수험 번호를 누르자 잠시 침묵이 흘렀다. 사연 많던 중고등학교 시절을 모두 마치고 최종 결과를 알아보려던 순간, 말로 다 할 수 없는 긴장감이 몰려왔다.

사람이 죽기 전에 살아온 날이 주마등처럼 스친다고 했던가? 나는 이 순간을 경험했다. 죽기 직전의 상태를 경험했다는 말이 아니라, 주마등처럼 지나온 삶이 떠오르는 현상을 겪어봤다는 의미다. 찰나의 시간 동안 내 머릿속으로 지난 시절이 스쳤다. 그 틈에 또 나는 상상했다. 내가 누른 수험 번호가 전기신호로 바뀌어 통신망을 타고 합격자 명단이 담긴 서버에 도달하는, 그런 다음 다시 컴퓨터 계산을 통해 결과가 음성으로 되돌아오는 과정을. 감정이 배제된 기계적인 과정, 그 1초로 희극 혹은 비극 어느 쪽으로든 감정 폭발이 일어나리라 생각하면 기계가 인간보다 우위처럼 느껴진다. 곧이어 수화기에서 감정 없이 또박또박 말하는 여자의 음성이 흘러나왔다.

"박! 철! 범! 님은 합격자 명단에 없습니다."

'합격'이라는 말이 처음 나올 때는 그것이 "합격하셨습니다"라는 말의 일부인 줄 알았다. “합격자 명단에 없습니다”의 첫 어절이었다는 사실을 깨닫고 나니 롤러코스터를 타고 최고 위치에 올랐다가 갑자기 바닥으로 내쳐진 듯 기분이 좋지 않았다. 이 시스템을 만든 사람들은 도대체 무슨 생각으로 이런 안내 음성을 만들었을까? 물론 “불합격하셨습니다”보다 “합격자 명단에 없습니다”라는 말이 더 부드러운 표현이기는 하다. 그런 배려도 이 순간만큼은 값싼 동정심으로 여겨졌다.

누군가 나처럼 불합격 소식을 접한다면, 그 순간이 알고 있는 모든 욕을 마음껏 쏟아내도 되는 때라는 사실을 잊지 말았으면 한다. 크리스천이라는 생각 때문에 머릿속에만 맴돌고 차마 입에 담지 못했던 “이런 XX!” 같은 말이 매우 적절하다고 볼 수 있겠다. 그런 태도가 오히려 처참한 상황을 쿨하게 넘기는 비결이 될지도 모른다. 그런데 나는 끝내 그러지 못했다. 어차피 가장 의식되는 어머니나 목사님도 곁에 없었는데, 그때 아주 실컷 욕을 퍼부을걸 그랬다.

당황한 나는 아무렇지 않은 척 입을 몇 번 쩝쩝 다시다가 머리를 긁적였다. 손톱을 잘근 깨물어도 보고 다시 그 손가락을 귀에 넣어 후비기도 하다가, 방금 했던 동작의 순서가 바뀌었다면 남들 보기 좋은 장면은 아니겠다는 생각까지 했다.

당황은 곧 분노로 바뀌었다. 지금까지 그토록 들어가고 싶던 대학이 갑자기 얄미워지고 내 진가를 몰라주는 무식하고 건방진 집단으로 여겨졌다. 그때 내가 있던 공간이 사람 많은 피시방만 아니었다면 손에 쥔 핸드폰을 집어던졌을지도 모른다.

세상이 나를 필요 없는 사람이라고 결론 내린 것만 같았다. '우리 대학이 원하는 인재상은 똑똑하고 재능 있는 사람이지, 너 같은 찌질이가 아니'라고 공식적으로 통보받은 기분이랄까. 정부나 UN에서 일하면서 국가와 인류를 위해 봉사하겠다는 어린 시절의 꿈, 의사가 되어 가난한 나라에 가서 의료사역을 하며 하나님을 섬기겠다는 꿈에 대해서도 세상이 분명한 대답을 들려줬다.

"(피식 비웃으며) 당신은 명단에 없습니다."

곧장 피시방에서 나왔다. 집으로 걸어가는 길은 그동안 내린 눈으로 새하얗게 덮여 있었다. 골목마다 쌓인 눈을 보니 또다시 분노가 치밀어 올라왔다. 얼마 전 논술시험을 치르러 가는 길에도 이렇게 눈이 쌓여 있었다는 사실을 기억해 냈다. 그때만 해도 나는 쌓인 눈을 뽀드득 밟으며 '얼마 뒤에는 이 대학 합격자가 되어 이 길을 다시 걷겠구나.' 하고 생각했다. 불합격 소식은 "너 따위는 꺼져"라는 말처럼 들렸고, 논술시험 날 눈을 밟으며 핑크빛 미래를 그리던 내가 '순진한 바보'처럼 느껴졌다.

나를
사랑하신다면서요

낙오자. 그때의 내 기분을 표현할 수 있는 유일한 단어다. 혼란스러운 와중에 문득 성경에도 비슷한 사람이 등장한다는 사실을 떠올렸다. 제비뽑기 한 번으로 인생이 나락으로 떨어진 사람, 그는 '요나'였다.

요나는 이스라엘의 선지자다. 어느 날 하나님은 요나 앞에 나타나 명령을 내리셨다. 이웃 나라인 니느웨로 가서 그곳 사람들에게 죄악을 돌이키고 회개하라는 메시지를 전하라는 것이었다. 그런데 요나는 하기 싫었다. 왜냐, 니느웨는 자신의 조국인 이스라엘과 사이가 좋지 않은 지역이었기 때문이다. 만약 요나가 하나님의 경고를 전달해 그곳 사람들이 회개한다면, 그래서 예정된 심판을 피한다면 요나는 적국을 구하는 셈이 된다. 요나는 니느웨가 그 옛날 소돔과 고모라처럼 불 속에서 멸망했으면 좋겠다고 생각했다.

요나는 도망쳤다. 항구에 나가 보니 마침 다시스로 가는 배가 있었다. 다시스는 니느웨와 정반대 방향이었다. 옳거니! 다시스로 간 나를 하나님께서 어쩌실 수 있겠어? 그딴 곳, 멸망하든 말든 내 알 바 아니지. 하나님, 죄송해요! 다른 사람 찾으세요!

결국 요나는 배에 올랐고, 그 배는 다시스를 향해 유유히 항해를 시작했다. 그런데 얼마 지나지 않아 거친 풍랑이 몰아치기 시작했다. 파도가 너무 심해 배가 뒤집힐 지경이 되자 사람들은 무게를 줄이려고 실려 있던 짐을 바다로 내던졌다. 그래도 아무런 소용이 없어 제비를 만들어 뽑기로 했다. 이 재앙은 분명 신의 노여움 때문이다! 우리 배에 그의 노여움을 산 누군가가 있는 것 같으니, 제비뽑기로 밝혀내자!

당첨된 사람은 요나였다. 사람들이 물었다.

"당신은 누구며, 도대체 어떤 짓을 했기에 우리까지 이런 일을 겪는 겁니까?"

요나는 사람들에게 그동안 자기에게 일어났던 일들을 이야기하기 시작했다. 사람들은 이 풍랑을 어떻게 해야 멈출 수 있는지를 물었다. 요나가 말했다.

"이 모든 재난은 아마 나 때문일 겁니다. 나를 들어 바다에 던지시오."

사람들은 어떻게 그럴 수 있겠느냐며 다시 힘을 다해 배를 육지로 돌리려고 했다. 하지만 소용이 없었고, 다급해진 사람들은 결국 요나의 말대로 그를 바다로 던져버렸다. 그러자 거짓말처럼 풍랑이 거치기 시작했다. 잠잠해진 바다를 보며 사람들은 하나님이 정말로 살아 계시며 두려운 분이라고 생각해 경배를 올렸다.

요나 이야기에 나타난 하나님은 평소 우리가 생각하던 인자하신 신의 이미지와는 아주 달랐다. 하나님께서는 풍랑이라는 수단을 써서 사람들이 요나를 바다로 던지게끔 유도하신 셈이다. 아무리 그분의 뜻대로 살지 못했기로서니 멀쩡한 사람을 들어서 끝없는 바닷속으로 던지도록 하시다니? 너무 잔인하잖아?

그동안 나의 믿음은 단순하고 소박한 것이었다. 하나님을 온전히 믿으면 그분이 내 모든 상황을 돌봐주시고, 일이든 공부든 다 잘 풀리게 해주실 거라는 믿음이었다. 그런데 이건 뭔가? 하나님은 우리에게 아버지 같은 분이라며? 세상 어느 아버지가 자기 자식이 잘못되기를 바라겠는가? 나의 머리카락 개수까지 세신다면서 아들이 시험에 떨어져서 '확 죽어버릴까?' 하고 비관하는 상황을 왜 가만히 지켜보고만 계실까?

'하나님의 인도하심'을 간증하는 사람들의 고백도 그때는 의심스러웠다. 그 내용은 대개 어떤 어려움이 생겼는데 하나님이 도우셔서 잘 해결되었다는 식이었다. 그동안 이런 종류의 간증을 들을 때면 '아! 하나님은 정말 살아 계시구나!' 하고 감동했는데, 돌이켜 보니 '과연 그럴까?' 하는 의문만 솟구쳤다. 혹시 내 믿음이 어딘가 잘못된 건 아닐까?

확률로 계산해 보자. 하나님이 살아 계신 분인지 그렇지 않은지 그 확률은 50 대 50이다. 만약 살아 계신 분이라 해도 '나를 사랑하실까?' 하는 확률 또한 50 대 50이다. 당시 내가 고통받았던 건 무엇 때문이었을까? 소박한 믿음으로 따져볼 때 하나님이 살아 계시고 나를 사랑하신다면, 이런 고통이 내게 와서는 안 되었다. 살아 계실 확률이 50, 나를 사랑하실 확률이 50이라고 하면 두 가지 조건에 내가 모두 부합할 확률은 25퍼센트가 된다. 그렇게 계산하자 가슴이 철렁 내려앉았다. 나는 25퍼센트밖에 안 되는 불확실한 사실에 인생을 걸어온 것이나 마찬가지였다.

남은 75퍼센트의 확률은 뭐지? 하나님께서 살아 계시지 않거나, 만약 살아 계신다고 해도 나를 사랑하지 않는다는 사실이다. 이게 75퍼센트 확률에 담긴 진실이고 좀 더 합리적인 생각인 것 같았다. 건전하고, 객관적이며, 합리적인 75퍼센트를 놔두고 왜 그동안 나는 맹목적인 25퍼센트의 믿음에 삶을 걸었던가?

자신을 지목한 제비뽑기 종이를 손에 들었던 요나도 나처럼 생각하지 않았을까? 내 몸이 바다로 내던져질 상황에서 신이 존재한다고 한들 그게 다 무슨 소용이란 말인가. '나를 그냥 던져버리라'

라는 요나의 말 속에는 어쩌면 하나님에 대한 실망과 회의가 담겼을지도 모른다.

비슷한 처지가 되어보니 알 것 같았다. 신은 존재하지 않거나, 존재해도 나에게는 필요가 없었다. 스무 살이 되어가던 그해, 내 생각은 어느덧 절망적인 결론을 향해 달려가고 있었다.

그러나 어머니의 생각은 달랐다.

두 어머니의 하나님

어머니의 삶은 순탄치 않았다. 철학자 사르트르를 좋아하며 똑똑하고 잘나가던 여대생은 놀기 좋아하는 중소기업 사장 아들을 만나면서 서서히 인생이 꼬이기 시작했다. 탄탄할 것만 같던 회사는 화제로 어이없이 무너졌고, 산업재해로 양손 손가락을 모두 잃은 아버지는 더는 일할 기회를 얻지 못했다. 10여 명이 넘는 대가족은 졸지에 단칸방 신세가 되었고, 홀로 뒤치다꺼리하다 지친 어머니는 답 없는 이 집구석에서 벗어나야겠다고 결심했다 한다.

그 시기 나는 유치원에 다니고 있었다. 어머니는 그렇게 제주도를 벗어나 홀로 대구로 가셨다. 고생을 피해 도망간 곳, 그곳에선 또 다른 고초가 기다리고 있었다. 가정주부가 냉혹한 사회에 섞여 홀로 선다는 게 어떤 고통인지 겪어보지 않은 나는 짐작하기 어렵다. 피로에 절어 의식을 잃은 채 쓰러졌다가 돌봐주는 이 하나 없이 며칠 뒤 스스로 깨났다는 어머니의 일상과 심정, 지금의 나는 그것을 헤아리려 노력만 할 뿐이다.

힘든 삶을 놓아버리고 싶은 강한 유혹을 여러 번 느끼던 어느 날, 어머니는 친구를 통해 하나님을 만났다. 그리고 당신 삶에 하나님이 계획하신 바가 뭘지 곰곰이 생각하기 시작했다. 어머니가 얻은 결론, 가장 먼저 제주도에 남겨둔 남편과 아이들이 자기에게 제일 중요한 '책임'이라는 사실을 깨달았다.

어머니는 그렇게 내가 초등학교 2학년 때 우리 곁으로 돌아오셨다. 그러나 아버지와 다시 합치는 일은 생각만큼 쉽지 않았던 것 같다. 아버지와 어머니 사이에는 신앙 차이, 성격 차이, 경제적인 문제 등 극복하기 힘든 현실적인 어려움이 너무나 많았다. 결국 어머니는 나와 동생만 데리고 대구로 건너가셨다. 그때부터 어머니 삶에서 목표는 단 하나였다. 나와 동생을 하나님 앞에 바로 선 인격으로 기르는 것이었다.

어머니는 나에게 단 한 번도 공부 좀 잘하라고 야단치지 않았다. 성적이 바닥을 기어도 어머니는 대수롭지 않게 생각했다(나중에야 속이 터지는 걸 꾹꾹 참았을 뿐이었다는 사실을 알았지만). 그러나 어머니가 낸 성경 공부 숙제를 하지 않으면 그땐 매우 혼내셨다. 자식들에게 성경을 깨우치게 하려고 어머니가 택한 교재는 『성경동화 하늘나라 이야기』 같은 말랑말랑한 그림책이 아니었다. 온갖 도표가 난

무하는 수백 페이지짜리 성경 연구용 교재였다. 나는 그렇게 성경에 등장하는 다양한 인물의 삶을 주제로 공부했고, 성경 구절들을 암송했으며, 하나님이 인간을 어떻게 다루시는지 차근차근 배워나갔다.

어머니의 스파르타식 훈련 덕분일까? 초등학생이던 나는 졸지에 성경 박사가 되었다. 목사님마저 감탄할 정도로 신학적 지식을 꽤 갖추었다. 그런데 그게 내 삶에서 좋은 모습으로만 발현되지는 않았다. 남들보다 많이 안다는 사실을 스스로 깨달은 뒤로 내 마음속에서는 금세 교만이 자라기 시작했다.

그 덕분인지 나는 하나님이 예비하신 또 다른 훈련 과정에 입학했다. 그 일은 나를 어머니에게서 떨어트리는 방식으로 시작됐다. 초등학교 4학년 때 어머니의 어머니, 즉 외할머니에게 맡겨진 것이다. 할머니의 삶도 어머니처럼 순탄하지 않았다. 할머니는 젊은 시절에 미군부대에서 흘러나오는 물건들을 시장에 내다 팔아 큰돈을 모았다고 한다. 모든 게 다 부처님의 은공 덕이라 생각한 할머니는 불교에 귀의해 절 하나는 거뜬히 지을 정도의 큰 재산을 쏟아부었다. 그러나 사업은 거짓말처럼 상황이 나빠져 하루아침에 단칸방 신세가 되었다. 희망이었던 아들은 먼저 가슴에 묻어야 했고, 똑똑하고 예뻐서 누구보다 잘살 것 같던 딸은 결혼에 실패해 아이들을 대신 맡아달라며 찾아왔다.

그때부터 외할머니는 그토록 믿었던 종교, 불교를 버렸다. 모든 걸 퍼부으며 한평생 의지하던 부처가 자기 삶에 쏟아진 재앙을 막아주지 못했다고 생각하자 배신감이 몰려온 것이다. 그때부터 외할머니는 불경을 외우는 대신 기도를 드렸다. 술과 담배 대신 성경을 손에 들었다. 그것을 읽고 또 읽는 것이 삶의 유일한 낙이었다.

단순하고 순진한 믿음이어서일까, 하나님은 외할머니를 무척 사랑하셨던 것 같다. 지금 생각하면 말도 안 되는 기도들이 어쩌면 그렇게 다 이루어졌는지 알다가도 모를 일이다. 언젠가 외할머니는 "바나나가 먹고 싶은데 돈이 없어요. 하나님, 바나나를 주세요." 라고 기도하셨다. 그런데 그날 저녁, 누군가 바나나를 선물로 들고 집으로 찾아왔다. 나는 깜짝 놀랐고 두 가지 사실을 배웠다. 첫째로 하나님은 우리 삶의 아주 작은 부분으로도 위로를 주시는 분이시라는 것. 그다음으로는 '피자 먹고 싶어요!'라는 내 기도를 들어주시지 않는 걸로 봐서는 편애가 좀 있으신 분이시라는 것.

언젠가 당장 머무를 곳이 없어서 외할머니와 나와 여동생, 이렇게 세 식구가 교회 부엌에서 생활한 적이 있다. 그때 외할머니는 집을 위해서 같이 기도하자고 하셨다. 나는 속으로 '참 답답하시네. 집이 바나나도 아니고 하늘에서 뚝 떨어지길 바라세요?'라고 생각했다. 그런데 몇 개월 뒤 하나님께서는 어떤 고마운 분을 통해 우리 가족에게 2층짜리 집을 내주셨다. 심지어 내 방은 따로 있었고, 널따란 침대까지 들어와 있었다.

외할머니는 이스라엘의 역사에 대해서는 나보다 모르셨지만, 하나님께서 어떤 분이신지는 나보다 잘 아셨다. 내 성경 지식은 외할머니의 순전한 믿음 앞에서 아무런 의미가 없었다. 외할머니 밑에서 자라도록 인도하신 것이 무엇을 가르치기 위함이었는지, 오랜 세월이 지나 외할머니가 돌아가신 후에야 나는 비로소 그 뜻을 깨달았다.

우리는 그분의 인도를 떠나서는 살아갈 수 없다. 좋은 일도, 나쁜 일도 모두 하나님의 주권적인 섭리 아래서 일어난다. 현재 일어나고 있는 일이 쉽사리 이해되지 않아도, 훗날 인생을 뒤돌아보면 "아, 그런 이유로 내 삶을 이렇게 인도하셨구나." 하고 깨닫는 날이 온다. 생각해 보면, 경제적인 형편과 어머니의 건강이 악화되어 나와 동생이 외할머니에게 맡겨진 일도 다 그분 계획의 일부였다.

신앙은 하나님 앞에 하나의 인격으로 서는 것이다. 이 과정은 지식을 통해서가 아니라 경험으로 직접 느끼며 이뤄진다. 아이가 엄마의 사랑을 책으로 배우지 않고 엄마가 안아주는 포근한 온기로 느끼듯이 우리 신앙도 마찬가지다. 머리통에 지식 좀 들어 있다고 교만해졌던 나는 외할머니와 생활하며 그 사실을 조금씩 깨닫기 시작했다.

하지만 고3이 끝날 무렵, '원하는 대학교에 불합격'이라는 큰 실패가 찾아오자 금세 하나님의 사랑과 존재를 의심하기 시작한 걸 보면, 외할머니와 생활하면서 배운 신앙적 태도가 충분하지는 못했나 싶기도 하다. 내 의심과 원망하는 마음을 보신 하나님은 나를 또 다른 훈련학교로 보낼 준비를 하셨다.

좋은 변화란, 하나님께서 우리에게 두신 뜻과

우리의 노력 방향이 일치할 때 일어난다.

따라서 어떤 노력을 하기 전에

하나님께서 원하시는 게 무엇인지,

내가 어떠한 길을 걷기 바라시는지에 대한

'그분의 참뜻'을 찾아야만 한다.

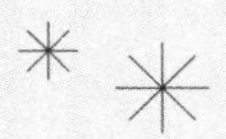

고통에는 언제나 목적이 있다

그날 나는 앞으로의 진로 방향을 어머니와 상의하고 있었다. 이런저런 얘기를 나누다가 어머니가 문득 이렇게 말씀하셨다.

"실패한 사람은, 실패할 수밖에 없었던 이유가 있는 거야."

어머니의 차분한 말에 나는 왠지 감정이 북받쳐 올랐지만, 가만히 생각해 보면 영 틀린 말은 아니었다. 당시 나는 입시에 실패한 '이유'를 곰곰이 분석하기보다 안 좋은 '결과'에만 초점을 맞추고 매일 낙담만 하고 있었다. 어머니가 그런 내 생각에 제동을 건 셈이었다.

"하나님께서 허락지 않으면 참새 한 마리도 땅에 떨어지지 않는다고 성경에 나와 있지 않니? 네가 가야 할 길을 가로막으신 데도 분명 뭔가 이유가 있을 거야. 네가 지금 해야 할 일은 하나님 따위 없다느니, 날 사랑하지 않는다느니 하면서 징징대는 것이 아니라 네가 실패한 원인을 찾는 거다. 하나님도 네가 '실패할 수밖에 없었던 이유'를 스스로 찾길 바라고 계시지 않을까?"

어머니는 성경 속 욥의 이야기를 찾아 읽어보라고, 차분히 묵상해 보라고 조언하셨다. 나는 실오라기라도 건지길 원하는 마음으로 성경을 펼쳤다.

창세기 시절에 살았던 욥이라는 사람은 하나님이 사탄에게 자랑할 정도로 대단한 의인이었다. 그런데 어느 날 그에게 엄청난 시련이 닥쳐왔다. 한날한시 전 재산을 잃었고, 사랑하는 아들딸이 모두 죽어버렸으며, 자신에게도 극심한 질병이 찾아왔다. 인간에게 일어날 수 있는 모든 불행이 하루아침에 갑자기 들이닥쳤다. 수능 점수가 낮게 나온 것과는 비교조차 안 되는 끔찍한 불행이었다.

나는 그동안 흥부와 놀부 이야기처럼 착한 사람은 잘 살고 나쁜 사람은 벌을 받는 게 하나님이 원하시는 세상이라고 생각했다. 그런데 고통을 허락하시는 하나님이라니. 쉽게 와닿지 않았다. 그분은 우리에게 사랑만 주시고 고통을 주는 존재는 사탄뿐이라 생각해 왔다. 그러나 하나님 뜻대로 착하게 사는 사람이어도 끔찍한 고통을 당할 수 있다는 사실을, 욥을 통해 여실히 볼 수 있었다.

당대 최고 의인이라 칭송받던 욥에게 왜 이런 일이 일어난 것일까? 하나님이라는 존재가 과연 있기는 할까? 내가 수능을 망치고 나서 했던 생각을 욥도 똑같이 되뇌었다는 사실을 욥기 23장을 읽으며 깨달았다.

내가 오늘도 혹독히 원망하니 받는 재앙이 탄식보다 중함이니라 내가 어찌하면 하나님을 발견하고 그의 보좌 앞에 나아가랴 어찌하면 그 앞에서 내가 호소하며 변론할 말을 입에 채우고 내게 대답하시는 말씀을 내가 알고 내게 이르시는 것을 내가 깨달으리라 그가 큰 권능을 가지시고 나와 더불어 다투시겠느냐 아니라 도리어 내 말을 들으시리라 거기서는 정직한 자가 그와 변론할 수 있은즉 내가 심판자에게서 영영히 벗어나리라 그런데 내가 앞으로 가도 그가 아니 계시고 뒤로 가도 보이지 아니하며 그가 왼편에서 일하시나 내가 만날 수 없고 그가 오른편으로 돌이키시나 뵈올 수 없구나

(욥기 23:2~9)

불행의 원인은 도대체 무엇일까? 내가 어떻게 해야 나를 향한 하나님의 뜻을 헤아릴 수 있을까? 고통 앞에서 욥은 고민했다. 만약 하나님께서 내 앞에 나타나신다면, 아니 음성이라도 들려주시거나 꿈에라도 나타나신다면 지금 일어나는 이 모든 일의 이유를 여쭤볼 텐데…. 그러나 하나님께서는 욥에게 이유를 말씀하시지 않았고 그의 고민은 깊어져만 갔다.

그런데 욥의 '고민'은 나와 비슷했을지라도 그가 보인 '태도'는

나와 180도 달랐다. 그는 믿음을 잃지 않았다. 하나님은 분명 살아 계시며, 이 모든 과정은 시험이고, 언젠가는 다 지나갈 것이라는 사실을 굳게 믿었다. 안 좋은 결과가 닥쳤다고 해서 하나님을 원망하거나 그분의 사랑을 의심하는 일은 없었다. 어쩌면 그게 가장 미련한 태도라는 사실을 애초부터 잘 알고 있었다. 이 시련이 끝나면 자기가 좀 더 하나님이 원하는 사람으로 바뀌리라는 믿음도 확고했다. 그의 고백으로 우리는 욥의 믿음이 얼마나 굳건했는지를 알 수 있다.

> 나의 가는 길을 오직 그가 아시나니 그가 나를 단련하신 후에는 내가 순금같이 되어 나오리라 (욥기 23:10)

하나님이 고통을 주실 때는 분명한 목적이 있다. 그 목적을 우리가 알 수도 있고, 모를 수도 있다. 그러나 변하지 않는 한 가지는, 모든 일이 하나님의 사랑에서 비롯된다는 사실이다. 나는 어머니가 왜 욥의 이야기를 읽어보라고 하셨는지 알 것 같았다. 내가 수험에 실패한 원인, 그에 따른 고통의 이유가 무엇인지 당장 알 수는 없어도 하나님을 향한 믿음만큼은 절대 잃지 말라는 충고였다.

하나님이 나를 사랑하신다는 불변의 사실을 붙드는 건 하나님의 뜻을 찾아가는 여정의 출발점이나 다름없다. 욥의 이야기를 읽으면서 나는 '왜 실패했는지'를 곰곰이 생각해 보았다. 수능을 망친 것은 단순히 실력이 부족해서였을 수 있다. 개념 정리를 제대로 못 했거나 실수를 줄이려는 노력이 부족했거나, 그것도 아니라면 암기 방법이 효율적이지 않았을지도 모른다. 어쩌면 하나님께서는 이번 결과로 방법론적인 부분을 넘어서는 무언가를 내가 깨닫기를 바라셨을 수도 있다. 만약 그 부분을 줄곧 놓쳐버린다면 하나님은 내가 앞으로 나아가고자 할 때마다 계속해서 막으시지 않을까? 설령 내가 고집을 부려 그 상황을 끝내 뚫고 나아간다 해도 그것은 의미 없는 전진일 뿐이다.

그때 나는 좀 더 성경을 알아야겠다고 다짐했다. 하나님이 살아 계심을 믿고 그분이 내 삶을 다루신다는 사실을 믿는다면, 그분은 우리에게 자기 뜻을 분명히 알려주실 것이다. 그 뜻은 성경에 기록되어 있을 것이다. 불행의 이유가 무엇인지, 하나님은 왜 사람에게 고통을 주시는지 그 해답을 찾기 위해 나는 성경을 반복해서 읽었다. 그리고 그 속에 나오는 인물들의 삶을 묵상하기 시작했다.

내가 오른 곳은 교만의 상징, 바벨탑

엘리야. 그는 이스라엘 백성에게 하나님의 메시지를 온전히 전달하던 당대 최고의 선지자였다. 언젠가 우상을 섬기던 이세벨 여왕의 선지자 450명과 혼자 '맞짱'을 떠 승리한 적도 있다. 그 거짓 선지자들이 단을 쌓고 밤새도록 굿판을 벌였지만, 그들의 제단에는 아무런 변화가 없었다. 그러나 엘리야가 쌓은 제단에는 하늘에서 불이 내려와 멋지게 제물을 불살랐다.

우상을 섬기던 이세벨 여왕은 그 기적을 보고도 하나님을 믿기는커녕 더욱 포악해졌다. 그녀는 엘리야를 잡아서 처형하라고 명령했다. 목숨을 보전하고자 도망쳐야만 했던 엘리야는 어느 동굴에 들어가 두려움에 떨고 있었다. 그때 엘리야에게 하나님께서 나타나 물으셨다.

"엘리야야, 네가 어찌하여 이곳에 있느냐?"

“하나님, 제가 하나님을 위해서 다른 누구보다 열심이지 않았습니까? 그런데 이세벨 여왕은 이제 저를 잡아 죽이려 합니다. 하나님의 일꾼은 저 하나만 남았습니다.”

일꾼은 오직 나만 남았다! 제대로 섬기는 사람은 나뿐이다! 이 말은 엘리야가 ‘450인과의 대결’이라는 기적적인 성공을 거둔 후에, 자기도 모르게 교만에 빠져 내뱉은 말이었다. 겸손을 잃은 엘리야를 향해 하나님께서는 “너뿐이라니. 너 말고도 이세벨에게 대항하는 나의 일꾼이 7000명이나 있다”라고 지적한 뒤 그의 임무를 다른 사람에게 넘기라고 명령하셨다.

베드로. 그는 열두 제자 중 가장 예수님을 사랑한 사람이었다. “너는 천국의 문을 여닫는 사람이 될 것”이라는 칭찬까지 들었던 예수님의 수제자였다. 그러나 처음에는 겸손했던 그도 서서히 교만해지기 시작했다. 베드로의 교만은 예수님이 군중에게 붙잡히기 몇 시간 전, 절정에 달했다. 이미 예수님은 자신의 체포와 죽음, 그리고 제자들이 모두 도망하리라는 사실을 예언하셨는데 그 말을 들은 베드로가 발끈해 이렇게 외쳤다.

“말도 안 돼요! 모두가 주님을 버릴지라도 나만은 버리지 않습니다!”

나만은! 베드로의 눈에는 다른 열한 제자들의 믿음이 보잘것없었다. 자기 신앙을 바라볼 때는 '이 정도라야 괜찮지 않나? 나만은 절대 믿음을 잃지 않아!'라고 생각했다. 그러나 그건 '교만'이라는 끔찍한 병의 전형적인 증상이었다.

교만해진 사람은 두 가지 특징이 있다. 첫째, 자기가 교만해졌다는 것을 본인은 모른다. 둘째, 남을 쉽게 판단하게 된다. 베드로가 그랬다.

예수님은 베드로에게 "오늘 새벽닭이 울기 전, 네가 세 번이나 나를 모르는 체할 것이다"라고 말씀하셨다. 그리고 그날 밤, 예수님의 예언이 그대로 이루어졌다. 베드로는 "너도 예수쟁이지?"라고 묻는 군중들을 향해, 저주를 퍼부으면서까지 예수님을 부인하고야 말았다. '나만은!'을 외쳤던 교만한 수제자의 입에서 예수님을 향한 저주가 쏟아져 나왔다.

도서관에 앉아 성경을 펼쳐놓고 이들의 삶을 읽으면서, 나는 문득 지난 몇 년간의 삶을 되돌아보았다.

나는 전교생이 100명도 되지 않는 시골에서 중학교 시절을 보냈다. 동서남북 어디를 둘러봐도 산과 들, 비닐하우스만 보이는 작은 마을이었다. 읍내에도 제대로 된 학원이 하나 없었고, 쉬는 시간에 공부라도 좀 하려 치면 왕따 내지는 정신병자 취급을 받는 분위기였다. 나는 그 속에서 아무 생각 없이 학교에 다니다가 중3이 되어서야 좋은 고등학교에 가고 싶다는 바람을 품었다.

그곳은 비평준화 지역이라 연합고사를 치러야 했는데, 나는 시험을 겨우 몇 달 앞두고 뒤늦게 공부를 시작했다. 죽어라 공부한 덕에 나쁘지 않은 성적을 받아 인근 소도시인 구미에 있는 인문계 고등학교에 입학할 수 있었다.

인문계 진학. 객관적으로 보면 대수롭지 않은 도전처럼 보일 것이다. 하지만 당시 나에게 그건 엄청난 성취였다. 이대로만 하면 앞으로 뭐라도 될 수 있겠다는 생각이 들 정도였다. 내 자신감은 하늘을 찔렀다. 그 자신감은 도시 아이들과 처음으로 경쟁을 시작한 고등학교 첫해에 철저히 짓밟혔다. 성적은 추락에 추락을 거듭했고 1학년이 끝날 무렵엔 더는 내려갈 곳이 없을 정도로 떨어졌다.

고등학교 2학년으로 올라가면서 마음을 다잡았다. 중학교 교과서부터 다시 공부했다. 다시 그때처럼 살라 해도 할 수 없을 정도로 정말 열심히 공부했다. 그러자 믿기지 않을 정도로 성적이 수직 상승했다. 25점이었던 수학을 한 학기 만에 만점으로 끌어올렸고, 꼴찌였던 등수는 반 1등으로 탈바꿈했다. 노력하면 된다! 그때 내 자신감은 하늘이 아닌 우주로 뻗은 느낌이었다.

하지만 성취가 절정에 오른 순간, 이미 마음은 꿈틀대며 변하기 시작했다. 올챙이 시절을 잊기 시작한 것이다. 공부를 못하는 학생들을 보면서 속으로 '열심히 하면 다 되던데, 왜 그걸 못하는 거지?'라고 무시하며 대하는 내 모습을 발견하면서 스스로 깜짝깜짝 놀라는 일이 잦아졌다.

하나님께서는 즉각 내 삶에 개입하셨다. 나를 구미에서 부산으로 보내버리신 것이다. 어머니의 사정이 급격히 나빠져 더는 생활비를 벌 수 없는 상황이 되었기에 어쩔 수 없이 부산에 계신 아버지에게 가야만 했다.

상황은 그저 표면적이었을 뿐, 그 이면에는 내 뻣뻣해진 목을 어떻게든 굽혀보려는 하나님의 섭리가 들어 있었음을 이제는 안다. 그런데 부산에 내려가서 치른 첫 시험. 거기서도 나는 반에서 1등을 했다. 당시에는 마치 신이라도 된 것 같은 기분이었다.

부산에 내려간 지 한 달도 지나지 않아, 하나님께서는 나를 다시 대구로 끌고 오셨다. 전학을 온 경신고등학교는 서울대 합격생을 유난히 많이 배출하던 명문고였다. 전학하고 얼마 지나지 않아 치러진 첫 모의고사에서 나는 전교 72등이라는 성적을 받았다. 이미 1등에 익숙해진 나로서는 충격적인 결과였다. 그제야 나는 뻣뻣해진 목이 조금씩 풀리는 것을 느꼈다. '아! 내가 공부를 그렇게 잘하는 건 아니었구나.'라는 사실을 깨달았다.

솔직히 말하면, 성적표를 받고 처음에는 당혹스러웠다. 하지만 곧 기분이 무척 좋아졌다. 얄팍한 성취를 곧잘 이뤄냈던 나는 당시 매너리즘에 빠져 있었다. 무엇을 위해 공부해야 할지도 모르겠고, 수업 시간이나 자습 시간에 예전만큼 집중하지도 못했다. 전교 72등은 내가 선 곳이 정상이 아니었다는 사실, 가야 할 길이 아직도 까마득히 멀다는 사실을 깨닫게 하기 충분했다. 그 사실을 깨닫자 다시 의욕이 불타올랐다.

다시 한번 미친 듯이 공부했다. 그리고 2학년의 마지막 시험에서 전교 4등을 차지했다. 내 앞의 세 명은 이미 인간이 아니었다. 그들은 지구를 정복하기 위해 잠시 인간의 탈을 쓰고 기회를 엿보러 온 화성인들이었다. 결국 올라갈 수 있는 데까지는 모두 도달했다는 생각이 들었다. 드디어 산꼭대기에 오른 것이다. 이마에 시원한 바람이 느껴졌다.

안타깝게도 그곳은 하나님의 뜻을 이루는 산이 아니었다. 내가 오른 곳은 교만의 탑, 바벨탑의 꼭대기였다. 바벨론의 왕 느부갓네살처럼 "이 큰 성과를 보라. '내' 힘으로 이것을 이루었도다." 하고 외치는 꼴이 되었다.

이상한 일이었다. 다 해냈다고 생각했는데, 오히려 3학년 때는 내내 성적이 떨어지기만 했다. 다시 올리려고 나는 '좀 더 노력'이라는 길을 선택했다. 공부법이나 마음가짐을 바꿀 이유는 없었다. 그 방법대로 해서 이미 예전에 성공했으니까. 과거의 성공이 내 목을 또다시 뻣뻣하게 만들었고, 상황에 유연히 대처하지 못하도록 이끌었다. 교만은 그렇게 쉽게 사라지지 않았다. 당시에는 내 모습을 지금처럼 객관적으로 보지도 못했다.

수능을 망치고 나니 그제야 진짜 내 모습이 보였다. "나만은 절대 주님을 버리지 않는다"라고 외친 베드로의 모습이 바로 나였고, "하나님의 일꾼은 나만 남았다"라고 부르짖은 엘리야의 모습이 곧 나였다.

'주위에서 뭐라 하든 내 생각이 절대 옳아!'라고 생각하는 순간 그 사람은 하나님 앞에서 더는 아무 일도 할 수 없는 사람이 된다. 빈 그릇은 조금 더럽더라도 닦아서 쓰면 되지만, 가득 찬 그릇은 그 내용물을 버리지 않는 한 쓸 도리가 없기 때문이다.

사람은 실수로 죄를 지을 수도 있고 능력이 부족할 수도 있다. 죄를 지어도 회개하면 하나님께서는 용서하시고 회복을 도와주신다. 능력이 모자라면 전지전능하신 하나님께서 우리를 채우신다. 그러나 교만한 사람에게는 방법이 없다.

나는 엔진에 불이 붙어 뿌연 연기를 내뿜는 차에 올라타 폭주하고 있는 운전자 같았다. 가만히 놔두면 끔찍한 결과가 터졌을지도 모르는 내 삶을 하나님께서는 강제로 세우셨다. 그 정지신호가 바로 '입시 실패'였다. 성경을 거울삼아 되돌아보니 그때 나에게 정말 필요한 것은 공부나 대학이 아니었다. 나는 하나님 앞에서 좀 더 제대로 살았어야 했다. 그 사실이 전부임을 깨달았을 때, 칼날보다 날카로운 하나님의 지적 앞에서 나는 밤새도록 눈물을 떨구며 회개할 수밖에 없었다.

다른 차원의 기도가 필요해

고통을 당하는 이유는 사람마다 다르다. 바울이 가진 육체의 가시도 그를 더 겸손하게 하고, 더 성장시킬 목적으로 하나님이 계획한 부분이었다. 아간이 당한 고통은 자신의 죄에 따른 보응이었고, 아브라함과 욥의 고통은 믿음의 시험이었다. 스데반이 겪은 고통은 선한 일을 행하는 과정에서 응당 따라오는 핍박이었고, 요셉이 당한 고통은 미래를 대비한 하나님의 섭리였다.

고통을 당하는 사람은 어쩌면 하나님의 특별한 훈련학교에 들어간 사람들이라고 볼 수 있다. 고통의 원인은 다양하지만 훈련학교에서 이들은 똑같은 과제를 받는다.

너희 중에 고난당하는 자가 있느냐 그는 기도할 것이요

(야고보서 5:13)

입시에서 실패한 것이 고통이라면, 첫 번째로 내가 해야 할 것은 '기도'라고 하나님은 말씀하셨다. 그러나 어떻게 해야 올바른 기도란 말인가? 그저 "다음번 수능에는 대박 좀 부탁해요!"라고 하면 되는 것일까? 나는 기도에 관련된 신앙 서적들과 성경에서 기도를 언급한 구절들을 묵상하기 시작했다. 그러다 누가복음에서 문득 이상한 부분을 하나 발견했다.

> 이때에 예수께서 기도하시러 산으로 가사 밤이 새도록 하나님께 기도하시고 밝으매 그 제자들을 부르사 그중에서 열둘을 택하여 사도라 칭하셨으니 (누가복음 6:12~13)

이 장면은 예수님이 열두 명의 제자를 세우시는 모습이다. 예수님은 제자들을 선택하시기 전날, 밤새도록 기도하셨다. 어찌 보면 이것은 매우 이상한 일이다. 예수님은 곧 하나님이시니 자신이 누구를 선택할지, 어떤 사람이 제자로 합당할지 이미 다 알고 계셨기 때문이다. 그런데도 예수님은 밤새워 기도하셨다. 이미 결과를 알고 있는 일을 위해 이렇게까지 기도할 필요가 있을까? 이건 그냥 예수님이시니까 그러신 걸까? 사도행전을 읽으면 다른 이들도 이와 비슷한 모습을 보인다는 사실을 알 수 있다.

> 성령이 가라사대 내가 불러 시키는 일을 위하여 바나바와 사울을 따로 세우라 하시니 이에 (안디옥교회의 사람들이) 금식하며 기도하고 두 사람에게 안수하여 보내니라 (사도행전 13:2~3)

이미 성령님에게 구체적인 명령을 받았는데, 이들은 심지어 금식까지 하면서 기도하고 있다! 앞날이 예정되어 있는데 이렇게까지 할 필요가 있을까? 할 일이 분명한데 새삼 무슨 기도가 필요한 걸까?

기도에 '무엇을 이루어주세요'라는 간구밖에 없다고 생각하면 이해할 수 없는 장면이다. 물론 '이루어주세요' 하는 식의 기도도 분명 기도의 한 방식이다. 이게 나쁜 태도라는 얘기는 아니다. 성경은 오히려 우리에게 간구에 힘쓰라고 명령하신다.

> 아무것도 염려하지 말고 오직 모든 일에 기도와 간구로 너희 구할 것을 감사함으로 하나님께 아뢰라 (빌립보서 4:6)

예수님은 미래를 알고 계셨고, 안디옥교회 사람들은 자신이 해야 할 일을 이미 알고 있었다. 그런데도 기도를 드렸던 이유는 기도라는 게 하나님 앞에서 자신의 겸손을 나타내는 행동이기 때문이다.

기도를 드린다는 것은 상황을 주도하는 것이 내가 아니라 하나님임을 인정하는 태도다. 내가 원하는 것이 아닌, 하나님께서 뜻하는 것이 내 삶 안에서 이뤄지기를 기도하는 행동은 그분을 내 삶의 주인으로 인정하는 신앙이다.

어떻게 보면 이루어달라는 기도와 이루어짐이라는 응답은 하나의 겉모양에 불과하다. 정작 중요한 것은 기도하는 태도 속에 담긴 '하나님을 인정하는 마음'이다. 그리고 하나님께서는 우리가 매 순간 그런 마음이기를 원하신다. 그래서 성경을 보면 우리에게 기도하라는 명령을 하신 구절에, '쉬지 말고'(데살로니가전서 5:17) '항상'(골로새서 4:2) '모든 경우에'(에베소서 6:18)라는 수식어가 붙어 있는 것이다.

그렇다면 중학생이던 시절 내 기도는 진정한 기도가 아니었다고 볼 수 있다. 그때 나는 어쩐지 아침마다 배가 아팠다. 밥을 안 먹으면 학교도 안 보내주는 외할머니였기에 아침밥을 꼭 먹어야 했는데, 급하게 밥을 먹고 시간에 쫓겨 학교를 향해 뛰다 보면 꼭 도중에 화장실이 급해졌다. 나는 노랗게 변한 하늘을 올려다보면서, "아, 진짜 이번 한 번만 도와주세요! 그러면 앞으로 무엇이든 시키는 건 다 할게요"라고 기도했었다. 그러나 어쩌다 나를 건져주시면 그걸로 끝이었다. 다음 날 아침에 또다시 하늘이 노래지기 전까지 기도하는 일은 없었다.

"아, 진짜 이번 수능만큼은 제발 제발 살려주세요!"

만약 이렇게 기도한다면 중학교 때의 기도와 무엇이 다를까? 하나님을 마치 '기도'라는 동전을 넣으면 '내가 원하는 것'을 짠 하고 뽑아주는 자판기처럼 취급한 건 아닐까? 하나님은 자판기가 절대 아니며 세상의 창조자이자 인간이 경배드려야 할 대상이다.

> 그러므로 너희는 이렇게 기도하라 (…) 뜻이 하늘에서 이룬 것 같이 땅에서도 이루어지이다 (마태복음 6:9~10)

예수님이 우리에게 기도하라고 하신 내용은 '수능 대박'이 아닌 '하나님의 뜻'이다. 단순히 나에게 필요한 물질을 구하는 게 아니라, 하나님께서 원하시는 바를 내 삶에서 이룰 수 있도록 간구하는 게 최고의 기도라는 사실을 늘 강조하신다. 학교, 직업, 재물, 배우자… 살아가는 데 중요하고 필요한 모든 것들은 우리가 달라고 보채지 않아도 하나님께서 이미 그 필요를 알고 계신다. 하나님은 분명히 약속하셨다.

> 너희는 먼저 그의 나라와 그의 의를 구하라 그리하면 이 모든 것을 너희에게 더하시리라 (마태복음 6:33)

하나님은 약속을 지키시는 분이다. 하나님의 뜻이 삶 속에서 이루어지기를, 그 과정에서 하나님이 우리를 사용하기 적합한 인격과 영성을 갖춘 사람으로 빚으시기를, 스스로를 의지하지 않고 내 안에 계신 하나님만 의지할 수 있기를 바라며 기도하는 것. 이것이 바로 하나님께서 원하시는 기도다. 이건 분명 중학교 때 했던 나의 기도와는 종류가 다른 기도였다. 나는 그 사실을 깨닫자마자 두 손을 모으고 기도를 시작했다.

"주님! 수능도, 공부도, 심지어는 대학도 결국엔 가장 중요한 것이 아님을 저로 하여금 깨닫게 해주십시오. 중요한 것은 이 땅을 살아가는 동안 제가 주님의 성품을 닮아가며 주님의 영광을 세상에 드러내는 것임을 깨닫게 해주십시오. 저의 죄와 허물을 발견하게 도와주시고 그것을 고칠 수 있게 도와주시기를, 저의 삶을 통해 당신이 이루고자 하는 뜻이 이루어지기를 단지 원합니다."

가로막힌 길,
내가 또
잘못 선택했나

나는 결국 재수를 결정했다. 수능 점수가 평소보다 낮게 나와서 억울한 것도 있었고 나보다 성적이 좋지 않던 친구들과 같은 학교, 같은 학과에 다녀야 한다는 사실이 속상하다는 이유도 있었다. 그러나 가장 큰 이유는 이번에야말로 제대로 공부해 보고 싶어서였다.

하나님 앞에 바로 선 신앙생활도 해보고 싶었다. 실패한 원인을 찾았으니 그걸 극복하기 위한 노력을 정말 제대로 기울이고도 싶었고, 그 과정으로 얻은 성숙한 결과로 하나님께 나아가 "말씀하신 대로 고쳐봤어요. 이건 마음에 드세요?"라고 물어보고도 싶었다.

졸업은 이미 했기에 수능을 다시 보려면 학교를 대신할 시스템이 필요했다. 인터넷 강의를 듣고 도서관에 다니며 혼자 공부할 수는 없다고 판단했다. 그러면 일주일만 지나도 생활 리듬이 무너질

게 뻔했다. 재수생이 재수학원 종합반에 다니는 것은 선택이 아닌 필수. 문제는 학원비였다.

기초수급자였던 집안 형편으로 매달 수십만 원에 이르는 학원비를 감당할 수는 없는 노릇이었다. 무엇보다 우리 집에는 학원비를 대줄 사람이 없었다. 외할머니는 나이가 많아 움직이는 것도 불편하셨고, 여동생은 겨우 고3이었다. 결론적으로 스스로 벌어야 했다. 그렇지만 갓 고등학교를 졸업한 학생이 어디서 일해 돈을 번단 말인가? 편의점이나 주유소에 자리가 있긴 했어도 거기서 일하면 시간에 맞춰 학원에 다니기가 어려웠다. 아무리 아르바이트 공고를 뒤져봐도 수업이 없는 저녁에만 일할 아르바이트 자리는 없었다.

'그냥 1학기에는 아르바이트만 하고 그 돈을 모아서 2학기부터 학원에 다닐까? 아니지, 그러면 결코 성적을 올릴 수 없어. 아르바이트하는 동안 머리가 굳어버릴 거야. 그럼 어쩌지? 어떻게든 저녁 시간에 맞는 일을 찾아야 하나? 그럼 잠은 언제 자? 애초에 재수라는 선택이 하나님의 뜻과 어긋났던 것은 아닐까? 하나님의 뜻이 아니라서 이렇게 넘지 못할 장애물을 두신 것일까?'

생각이 여기까지 이르자 가슴이 철렁 내려앉았다. 이제는 하나님의 뜻을 위해 살고 싶었는데, 또다시 잘못된 길로 들어선 건 아닌지 불안한 생각이 들었다.

그러던 어느 날 아침, QT('Quiet Time'의 약자. 매일 성경 말씀을 읽고 기도하는 묵상 시간으로, 하나님과 개인의 영적 교제를 의미한다)를 하고 있던 나에게 하나님께서 답을 알려주셨다. 요나의 이야기를 통해서였다. 하나님의 명령이 싫어서 도망치던 요나가 항구에 나가 보니 '마침' 다시스로 가는 배가 있었다.

우연의 일치치고는 정말 절묘하지 않은가? 다시스로 가는 이 배는 누가 준비해 둔 것일까? 하나님일 리는 없었다. 그분의 뜻은 요나가 니느웨로 가는 것이었으니까. 아마도 요나가 하나님의 뜻을 거역하기를 기다리며 기뻐하는 또 다른 존재가 보낸 배였을 것이다. 바로 사탄이다.

하나님께서는 우리 앞에 '열린 문'과 같은 상황을 두실 때가 있다. 양을 인도하는 목자가 물가로 양을 인도하려고 한쪽으로 유도하는 것과도 같다. 양은 그저 그곳으로 가면 된다. 양치기 개 같은 장애물이 있으면 옆으로 돌아가면 된다. 그러다 보면 결국 물가에 다다른다. 열린 문이라는 환경도, 양치기 개라는 장애물도 결국 목자이신 하나님의 인도 아래 있는 것이다.

문제는 사탄도 같은 방법을 쓴다는 것이다. 도망치려는 요나 앞에 때마침 다시스로 가는 배를 준비해 놓고 "어서 와" 하며 반긴다. 그런가 하면 우리가 선한 일을 하려고 할 때는 넘기 힘든 벽을 둬서 우리가 그것을 하지 못하게 막아선다. 예컨대 바울은 자신이 데살로니가교회를 방문하지 못하게 막은 것은 하나님이 아니라 사탄이었다고 이야기한다(데살로니가전서 2:18).

그러면 문제는 장애물을 만났을 때 그것이 하나님으로부터 온 것인지, 사탄으로부터 온 것인지 어떻게 구별할 수 있을까 하는 점이다. 학원비가 없어서 재수학원에 다니지 못하는 상황은 다른 길로 가라는 하나님의 경고일까, 아니면 사탄이 둔 장애물일까? 나는 요한복음에서 정답을 찾을 수 있었다. 그때 사람들은 예수님께 이렇게 물었다.

"이보시오, 예수! 당신이 정말로 하나님의 뜻을 대변하는 사람인지, 아니면 사탄의 앞잡이인지 우리가 어떻게 알겠소?"

그러자 예수님께서 대답하셨다.

"내 교훈은 내 것이 아닌, 나를 보내신 이의 것이오. 만약 하나님의 뜻을 행하려는 사람이라면 교훈이 하나님께로부터 왔는지, 내가 스스로 말하는 것인지 알 것이오." (요한복음 7:17)

하나님의 뜻을 행하려는 마음을 가진 사람이라면 알 수 있다! 이것이 성경이 제시하는 해답이었다.

다시스로 가는 배가 하나님이 준비한 것이 아닌 이유는, 하나님의 뜻은 니느웨에 있었기 때문이다. 바울이 데살로니가교회에 방문하는 것을 막았던 존재가 하나님이 아닌 이유는, 그것은 선한 일이었는데 근본적으로 하나님께서는 그런 선한 일을 막으려는 분이 아니기 때문이다.

결국 내가 처해 있는 환경의 의미를 알 수 있는 가장 좋은 방법은 내가 하려는 일이 선한 목적인지 생각해 보는 것이다. 그래야 좋은 환경을 만났을 때 그것이 내가 가야 할 '열린 문'(요한계시록 3:8)인지 가지 말아야 할 '큰 문'(마태복음 7:13)인지 알 수 있고, 나쁜 환경을 만났을 때도 그것이 돌아가라고 말씀하시는 하나님의 지팡이인지 아니면 우리가 극복해야 할 사탄의 장애물인지 알 수 있다.

그렇다면 내가 공부하는 것은 과연 선한 일일까? 그건 어떤 '동기'로 하느냐에 따라 다를 것이다. 나 혼자 잘 살기 위해 공부하는 것이라면, 이것을 악하다고 하기에는 애매하다. 그렇지만 선한 일도 분명 아니다.

그러나 공부를 훗날 하나님의 일에 쓰임받기 위해서, 지금 이것이 나에게 맡기신 하나님의 일이라고 생각해서 충성하려는 것이라면 그것은 선한 일이다. 선한 동기만 잘 유지할 수 있다면, 학원비가 없는 상황은 재수를 막으려는 뜻이 아니라 극복하고 뛰어넘으라는 의미가 된다. 그러고 보니 집 근처 공사장을 지나치면서 '야간 경비원 구함'이라는 쪽지를 본 것 같았다.

'하나님, 감사합니다. 하나님의 뜻을 제 삶 속에서 이루기 위해 이 길로 한번 가보겠습니다. 장애물을 뛰어넘어 보겠습니다.'

나는 그때 그렇게 결심했다.

하나님이 고통을 주실 때는 분명한 목적이 있다.

그 목적을 우리가 알 수도 있고 모를 수도 있다.

그러나 변하지 않는 한 가지는,

모든 일이 하나님의 사랑에서 비롯된다는 사실이다.

‘믿고 구하라’는 기도,
응답하시는 하나님

그날 집으로 돌아오자마자 얼른 컴퓨터 앞에 앉았다. 그러고는 구직 사이트에 접속한 뒤, 눈에 불을 켜고 아르바이트 공고들을 다시 하나하나 살폈다. 앞길을 막는 장애물을 모두 뛰어넘겠다고 호기롭게 다짐했지만, 마음이 밝지만은 않았다. 늦은 밤 아무도 없는 공사장 입구의 좁은 경비실에 앉아 홀로 수능 문제집을 풀고 있을 미래를 상상하는 건 즐거운 일이 아니었다. 정말 복권이라도 사야 하나 싶었다.

하나님의 뜻이 내 삶 속에서 이루어지게 해달라는 기도가 인간의 마땅한 기도임을 나는 배웠다. 그러나 현실적인 필요가 눈앞에 닥치면 필요에 의한 간구를 드리지 않을 수 없다. 기도의 사람이라 불렸던 조지 뮬러는 기도를 채 마치기도 전에 하나님께서 사람들을 움직여 그를 돕도록 하셨다는데, 내 삶에도 그런 일이 일어나면 얼마나 좋을까.

'하나님, 제게 기도하는 법을 가르쳐주세요. 하나님의 손을 움직일 방법을 가르쳐주세요.'

나는 성경을 열어 기도에 관련된 구절을 찾아보았다. 성경에는 기도를 드릴 때 필요한 마음가짐으로 두 가지를 이야기하고 있었다. 하나는 '믿음'이었고, 다른 하나는 '감사함'이었다.

> 무엇이든지 믿고 구하는 것은 다 받으리라 (마태복음 21:22)
> 너희 구할 것을 감사함으로 하나님께 아뢰라 (빌립보서 4:6)

그런데 얼핏 이해가 안 되는 부분도 있었다. 믿고 구하라? 무엇을 믿으라는 거지? 자기 기도가 이루어진다는 사실을 믿으라는 말인가? 그렇다면 이상하다. 바울은 자신의 병을 고쳐달라고 기도했지만 하나님께서는 그의 겸손함을 유지하기 위해 그 기도를 들어주지 않았다. 바울은 분명 나을 것이라는 확신으로 믿고 기도했을 텐데, 하나님께서 들어주지 않으면 결과적으로 그 믿음은 잘못된 게 아닌가? 그러고 보니 감사함으로 기도하라는 말씀도 이상하다. 아직 받지도 않았는데, 바울의 기도처럼 이뤄지지 않을지도 모르는데 도대체 무엇을 감사하라는 말인가?

혼란스러웠다. 성경 말씀이 서로 충돌하거나 모순되어 보여 이해되지 않았다. 며칠 동안 고민하던 나는 다니엘의 세 친구 이야기를 읽고서야 모든 의문이 풀렸다. 키워드는 우리가 익히 아는 '그리 아니하실지라도'의 믿음이었다.

격렬히 타오르는 불길 속으로 자기 몸이 내던져질 상황. 하나님의 뜻대로 살기를 고집하던 이들에게 죽음이라는 형벌이 기다리고 있었다. 아마 그들은 간절히 기도했을 것이다. 성경의 말대로 '믿고' 구했을 것이다. 그들은 무엇을 믿었을까? 형벌을 피한 뒤 쉬고 있을 미래의 모습? 아니었다. 하나님께서 불길에서 구원하실 수 있지만, 그렇지 않을 수도 있다는 사실도 그들은 알고 있었다. '그럼에도 불구하고' 하나님에 대한 신앙을 버리지 않겠다고 결심했다. 그것이 그들의 믿음이었다.

성경에서 기도할 때 '믿고 구하라'고 한 것은, 내가 구하는 그것을 하나님께서 반드시 이뤄주실 것이라는 사실을 믿으라는 말이 아니다. 성경이 믿으라고 하는 것은 두 가지 사실이다.

첫째, 하나님의 전지전능하심을 믿는 것이다. 즉 그분이 원하신다면 무엇이든 내 삶에서 이뤄주실 능력이 있다는 사실을 믿으라는 의미다. 이것이 창조주 앞에서 피조물인 인간이 마땅히 취해야 할 겸손의 자세다.

둘째, 바로 하나님의 사랑이다. 우리는 어린아이와도 같아서 때때로 하나님 앞에서 자신에게 해로운 것을 구할 때도 있다. 그럴 때 하나님께서는 들어주시지 않는다. 사랑하시기 때문이다. 다섯 살짜리 아이가 만약 "엄마, 이번 생일 선물로는 잘 드는 회칼 하나 사주세요"라는 소원을 이야기하면 들어줄 부모가 세상 어디에 있겠는가? 하나님께서 우리의 기도를 들어주는 것도 사랑하시기 때문이고, 들어주지 않는 것도 사랑하시기 때문이다. 그러므로 우리의 기도는 그 사실을 믿는 믿음으로부터 출발해야 한다.

하나님의 능력과 사랑, 이 두 가지를 믿으면 감사함으로 기도를 드릴 수 있다. 만약 내 기도를 들어주신다면, 그래서 그것이 나의 미래로 예정되어 있다면 그 사실에 '미리' 기뻐하며 감사할 수 있다. 만약 지금의 내가 그것을 받기에 적당치 않다면, 그래서 하나님께서 기도를 들어주시지 않는다면 그것도 역시 감사할 일이다. 더 구하지 않아도, 지금 가진 것만으로도 하나님의 뜻을 이루기에 전혀 부족함이 없다는 뜻이니 말이다.

결국 믿으면서 구한다는 말과 감사하면서 구한다는 말은 서로 이어진다. 둘 다 하나님의 주권을 내 삶에서 인정하는 태도임이 분명하다. 그때 나는 내가 어떻게 기도해야 하는지 알게 되었다.

"하나님, 이 모든 상황을 주신 것에 감사합니다. 먹을 것과, 살 집과, 공부할 수 있는 환경 그리고 주님을 섬기는 데 어려움이 없는 환경을 주신 것에 감사드립니다. 만약 지금 학원에 다니는 것을 당신이 선하게 보신다면 그 과정을 순탄하게 만들어주시리라 믿습니다. 그렇지 않다고 해도, 그것은 결국 필요한 모든 게 이미 나에게 있다는 당신의 응답이므로 그 상황마저도 감사드립니다. 어떤 상황 속에서도 당신의 전지전능하심과 나를 향한 영원한 사랑은 변하지 않을 것임을 확신합니다."

기도를 드리고 나니, 나는 부드러운 풀밭에 누워 따사로운 봄볕을 온몸으로 받으면서 하늘을 올려다보는 듯 마음속이 평화로워졌다.

며칠 뒤 나는 한 통의 전화를 받았다. 전화를 거신 분은 내가 졸업한 고등학교 교장선생님이었다. 내가 재수를 선택했다는 얘기를 담임선생님께 들으신 모양이었다. 그리고 학원비를 감당할 형편이 아니라는 사실도 잘 알고 계셨다. 마침 교장선생님과 친분이 있던 전직 대통령의 친척인 학부모 한 분이 자신의 아이들을 가르칠 과외선생님을 구하고 있다고 하셨다. 교장선생님은 졸업생 중에 적당한 사람이 있는지 선생님들에게 물으셨고, 선생님들은 곧 나를 추천했다!

하나님께서는 그 기회로 학원비의 다섯 배에 달하는 생활비를 매달 채워주셨다. 그 일로 나는 확실히 깨달았다. 내가 하나님을 인정하는 삶을 살 때, 필요한 모든 것은 그분께서 공급하신다. 하나님은 내게 경험으로 그 사실을 가르쳐주셨다.

모든 것이 풍족한 상황을 상상해 본 적이 있다. 가정에 사랑과 화목함이 넘쳐나고, 집안에 돈이 많아 서울대 출신 과외선생님께 전 과목 과외를 받는다. 머리마저 똑똑해서 한 번 읽은 것은 마치 사진을 찍듯 곧바로 머릿속에 저장되는 능력이 있다. 그랬더라면 그때도 나는 지금처럼 간절히 기도했을까?

부족함이 있는 현실 덕분에 내 마음이 하나님께로 향했다는 사실을 그 순간 깨달았다. 그러니 하나님께서 우리에게 결핍을 주셨을 때는, 채워줄 테니 기도하라는 뜻이리라. “어차피 주실 거라면 기도하기 전에 미리 주시면 안 되나요?”라고 말하는 사람도 있을 수 있다. 그러나 하나님은 우리가 간구하던 것을 얻는 순간보다 간구하는 과정에서 그분을 믿고 의지하길 바라며 인도하시는 분이다. 나사로의 무덤 앞에서 예수님께서는 다음처럼 말씀하셨다.

(…) 그러나 이 말씀 하옵는 것은 둘러선 무리를 위함이니 곧 아버지께서 나를 보내신 것을 저희로 믿게 하려 함이니이다

(요한복음 11:42)

만약 죽은 나사로를 살리는 것이 예수님의 유일한 목적이었다면, 애초에 나사로를 죽도록 내버려두지 않는 편이 더 좋았을 것이다. 그러나 예수님께서는 나사로에게 죽음이라는 고통을 주셨

고, 거기에서 건져내시기 전에 “네가 믿으면 하나님의 영광을 보리라”(요한복음 11:40)고 말씀하셨다. 굳이 그렇게 하셨던 이유가 뭘까? 그건 그 모든 과정을 지켜본 사람들에게 하나님이 어떠한 분인지를 알리기 위함이었다. 어쩌면 우리의 신앙도 이런 것이 아닐까?

힘든 수험 준비 기간 동안 때때로 하나님이 내 기도에 응답하시면 그게 그렇게 큰 위로였다. 창조자가 나를 응원한다는 사실을 ‘경험으로’ 깨닫는 것보다 더 즐거운 일이 있을까? 그 즐거움에는 이제 다음 단계로 넘어가라는 하나님의 응원이 담겨 있다.

기도의 다음 단계는 행동이다. 하나님께서는 나의 기도에 응답하시면서, 지금 이때가 바로 모세의 손이 들려진 때이고(출애굽기 17:11), 앞으로 나아가 총공격할 순간이라는 메시지도 함께 주셨다.

겸손한 마음,
더 겸손한 공부

고등학교 3학년 때 나는 공부한다는 명목으로 하나님을 점점 잊어갔다. 하나님 없이 내 노력만으로 얼마든지 성과를 낼 수 있다는 생각이 자라기 시작했지만 그 생각마저 대수롭지 않게 여겼다. 외할머니가 겸손의 신앙이 무엇인지 삶으로 보여주셨는데도, 나는 그것이 외할머니의 신앙일 뿐 내 신앙 스타일은 아니라고 생각했다.

반면 재수할 때는 내 모든 것이 하나님의 허락하에 놓였다는 사실을 잊지 않으려 노력했다. 성경을 읽는 것으로 아침을 열었고, 신앙 서적과 QT 책을 한 권씩 가방에 넣어 다니면서 쉴 때마다 읽었다. 집에 일찍 들어와서 저녁마다 드리는 가족예배에 참석했으며 자기 전에는 하나님 앞에서 하루를 반성하는 기도와 도우심에 감사하는 기도, 내일을 위한 간구의 기도를 빼놓지 않았다.

고3 때 나는 하나님을 섬기는 것은 나중이라고 생각해서 주일 예배를 자주 빠졌다. 대학교에 진학하면 캠퍼스 선교사도 하고 단기 선교 봉사도 하리라 맘먹었지만 당장은 수험생이라 공부가 늘 우선이었다. 그러나 그 결과는? "저것 보세요. 예배 빠지더니, 결국 합격자 명단에서도 빠지네요."라는 어느 목사님의 설교 예화에 딱 들어맞은 사람이 돼버렸다. 재수할 때는 주일에 공부하는 것이 아무 의미 없다는 사실을 잊지 않았다. 무조건 예배에 참석했다. 예배가 끝난 후에도 주일에는 일절 공부에 손을 대지 않았고, 나머지 시간은 성경과 신앙 서적을 읽는 데 투자했다.

하나님을 향한 마음가짐이 바뀌면 공부 방법도 달라진다. 수능에 실패했던 요인이 교만이었으니 이제 변화의 방향은 겸손이어야 했다. 그 겸손을 공부법에도 유지하려고 노력했다. 고3 때는 수업 시간에 '나만의 공부'를 하곤 했다. 수학 시간에는 영단어를 외웠고 영어 시간에는 과학 주기율표를 외웠다. 느리게 나가는 수업 진도가 짜증 났고, 선생님의 수업 방식도 별로라고 생각했다. 하지만 재수할 때는 달랐다. 선생님의 수업에 집중했다. 어떤 선생님 수업이든 한마디 하실 때마다 머릿속에 반복하면서 그 의미를 되새겼다. 가끔 멍해지거나 혼자서 문제를 풀고 싶다는 충동이 일었지만, 그럴 때마다 나 자신에게 외쳤다.

'왜 이래? 네가 선생님보다 잘 알아?'

고3 때는 교과서나 참고서를 읽을 때 요점 정리 위주로 읽었다. 어차피 대부분은 아는 내용이니까 내가 잘 모르는 부분만 골라 읽어야 시간이 절약된다고 생각했다. 그러나 재수할 때는, '나는 하나도 모르는 사람이다'라고 생각했다. 글을 한 줄 읽고서 바로 눈을 감았다. '방금 읽은 내용이 뭐지?'라고 스스로 되물으면서 정말 그 내용을 제대로 이해했는지 거듭 확인했다.

고3 때는 문제 풀이에 치중했다. 문제를 많이 풀어도 성적이 오르지 않는 게 좀 이상하긴 했지만, 나는 그 방법을 고집했다. 문제를 풀어야 응용력이 높아진다는 둥 실전 감각이 좋아진다는 둥 여러 이유를 대면서 스스로를 세뇌했다. 그러나 재수할 때는 그때와 반대로 '개념 정리'에 더 높은 비중을 뒀다. '내용도 아직 모르는데 무슨 문제 풀이냐? 기본부터 닦아!'라며 나를 타일렀다.

고3 때는 여러 권의 문제집을 풀었다. 한 권 풀 때마다 5점씩 성적이 올라간다는 생각에, 제일 안 올랐던 언어영역 같은 경우는 라면 한 박스만큼 문제집을 풀어버렸다. 그러나 완전히 익힌 게 아니면서 또 다른 문제집을 사는 행위는 이제 더는 그 문제집에서 볼 게 없다는 교만함에서 비롯된 것이었다. 재수할 때는 그러지 않았다. 한 문제집을 보더라도 최소한 세 번을 반복해 풀었다. 답은 수첩에 적었고, 맞히고 틀린 표시만 문제집에 했다. 그러면 여러 번 보더라도 항상 새것처럼 풀 수 있었다. 그렇게 여러 번 풀어나가면서 나는 서서히 틀린 개수가 줄어드는 것을 발견했고, 그만큼 실력도 향상하고 있음이 느껴졌다.

고3 때는 모의고사 전날마다 긴장돼서 잠을 깊게 못 잤다. 시험이 끝나고 성적을 매긴 후에는 잘 나오면 기대에 부풀어서, 못 나오면 좌절하느라 하루를 그냥 보냈다. 그러나 재수할 때는 그런 마음과 자세를 모두 버렸다. 그래봤자 실패했는데 긴장이 다 무슨 소용이냐는 생각이 들었다. 물론 모의고사 점수가 내 수준을 나름 객관적으로 보여주기는 하겠지만 그렇다고 그것이 미래를 알려주는 수정구는 아니라는 사실, 즉 실전 결과는 아무도 모른다는 사실을 잊지 않으려고 했다.

내가 기뻐해야 할 때는 하루의 계획을 모두 달성했을 때, 슬퍼해야 할 때는 하루의 계획을 지키지 못했을 때뿐이라고 생각했다. 그렇게 살다 보면 결과는 하나님께서 알아서 만들어주실 것이며 나는 무엇이 됐든지 그것을 그냥 기쁘게 받아들이자고 다짐했다.

아침부터 저녁까지, 마음가짐부터 드러나는 행동까지, 나는 모든 변화와 노력 방향을 '겸손'에 맞추려고 했다. 그건 그래야 공부를 잘하게 될 거라고 믿어서가 아니라 그렇게 하는 것이 바로 하나님께서 원하시는 태도라고 느꼈기 때문이었다.

여름이 가까워져 오고 날이 서서히 더워질 무렵, 1년 반이나 멈춰 있던 성적에도 드디어 도우심의 손길이 미치기 시작했다. 모의

고사를 치를 때마다 5점, 10점씩 계속해서 올랐다. 막혔던 성적이 오르면서 지긋지긋하던 불안감도 점점 사라졌고, 실력이 뒷받침되는 진짜 자신감도 생겨났다.

신앙은 아는 것이 아니라 경험하는 것이다. 과학이 발달했으니 성경 내용이 모두 객관적인 사실로 증명되어야 하나님을 믿겠다는 말도 잘못됐다. 우리가 하나님 앞에 바로 선 자세를 보이면, 하나님께서는 도우심의 손길을 베푸신다. 그리고 우리는 그 도우심을 삶에서 하나씩 경험하면서 눈에 보이지 않는 하나님을 느낄 수 있다. 나는 재수하는 동안 비참하고 어두운 시절을 겪을 것이라 예상했다. 그러나 하나님께서는 그 시기를 오히려 축복으로 채워주셨다. 돌이켜 보면 성경에 문자로만 기록된 하나님을, 까마득한 그 옛날 나와는 큰 연결고리가 없는 사람들의 하나님을 직접 체험할 수 있었던 축복의 시간이었다. 그 경험이 내 신앙과 믿음을 자라게 했고 하나님은 그분만의 독특한 방법으로 나에게 자신을 보여주셨다.

알 수 없는
미래로
마음이 불안할 때

시간이 흘러 수능이 며칠 앞으로 다가왔을 때, 마음이 급해지니 공부가 제대로 되지 않았다. 고전문학 작품들은 그때까지도 정리가 안 된 상태였고 수학에서도 실수가 줄지 않았다. 영문법은 여전히 어렵게만 느껴졌다. 탐구영역 오답 노트를 만드는 일은 끝이 없었다. 해야 할 일이 넘쳐나는데 뭐 하나 제대로 마친 게 없었다. 지구의 하루가 한 달이라는 '시간 캡슐'로 존재한다면 책을 모조리 짊어지고 그 안으로 들어가고 싶다는 생각까지 했다.

시험 직전은 공부법이 큰 의미를 발휘하지 못하는 시기다. 이때는 공부 방법보다 마음을 다스리는 것, 즉 불안하고 떨리는 마음을 진정시키고 평상심을 유지하는 것이 더 중요하다. 그러나 나는 평상심을 유지할 수 없었다. 책을 눈앞에 두면 별생각이 다 들었다.

'내 미래는 어떻게 될까? 몇 점이나 나올까? 나는 원하는 대학에

들어갈 수 있을까?'

하나님께서 내 미래를 살짝 귀띔이라도 해주시면 좋을 텐데. 설령 안다고 해도 노력을 줄일 일은 없을 텐데, 좀 그래 주시면 안 되려나? 앞날이 보이지 않는다는 것은 마치 눈을 감고 도로 위를 걷는 것처럼 조마조마하고 두려운 일이었다. 언제부터인가 길거리에 있는 점집들이 눈에 들어오기 시작했다. 버스 좌석 뒷면에 붙은 광고도 유심히 읽게 됐다.

영으로 점을 봐드립니다, 크리스천 대환영!

헐, 크리스천 대환영이라니. 이런 독자의 마음을 사로잡는 아름다운 카피를 봤나! 모르긴 몰라도 교회에 다니면서도 몰래 점집을 찾아가고 싶은 나 같은 사람이 꽤 많았던 모양이다. 일단 거기 적힌 전화번호로 전화를 걸어 복채가 얼마인지 물어보았다. 돌아온 것은 '금액은 상황별로 다르고, 전화로 말씀드리는 것은 곤란하니 찾아오라'는 대답이었다. 휴, 이러라고 주신 과외비가 아닐 텐데…. 나는 나중에 찾아가겠다고 대충 얼버무리곤 전화를 끊었다.

그날 밤, 하나님께서는 성경을 통해 자신의 미래를 알게 된 한 사람의 이야기를 들려주셨다. 바로 사울이었다. 이스라엘 왕 사울은 막강한 블레셋 군대가 자기네 나라로 쳐들어오자 마음이 급해졌다. 몇 번인가 하나님 앞에서 불순종한 모습을 보이자, 그분은 결국 사울을 떠나버리셨다. 이제는 꿈으로도, 선지자를 통해서도 아무 말씀이 없었다. 사울은 자신의 미래를 알 수 없어 두려움에 사로잡혔다. 어찌나 두려웠던지 성경은 사울이 '크게 떨었다'(사무엘상 28:5)고 전하고 있다.

'이 전쟁에서 이길 수 있을까? 나를 향한 하나님의 진짜 뜻은 무엇일까?'

근심을 이기지 못한 사울은 마지막 수단으로 무당들을 찾아다녔다. 이들은 하나님의 선지자가 아니었다. 귀신의 힘을 이용해 점을 치는 사람들이었고, 당시 율법으로 이런 행위를 엄격히 금지하곤 했다. 얼마 전까지만 해도 나라의 모든 무당을 죽이라는 명령을 내렸던 사울이 이제는 다급한 마음으로 무당들을 찾아 나선 것이다.

사울은 결국 무당 한 명을 찾아냈다. 그리고 자신의 신분을 숨긴 채 얼마 전 죽은 선지자 사무엘과 이야기할 수 없겠느냐고 물었다. 무당은 영혼을 불러오는 소환 의식을 시작했고, 오색찬란한 연기 속에서 선지자 사무엘의 영혼(성경학자들 대부분은 이 현상을 사무엘을 사칭한 귀신의 장난이라고 추측한다)이 나타났다. 그리고 그 영혼은 사울이 그토록 궁금해하는 미래를 이야기하기 시작했다.

사울은 이 전쟁에서 아들과 함께 죽을 것이고, 이스라엘은 전쟁에서 패할 것이며, 사울이 그토록 질투하던 다윗(조약돌 하나로 거구의 골리앗을 죽인 그 소년 다윗이다)이 사울의 뒤를 이어 이스라엘의 왕이 될 것이라는 이야기였다. 사울은 이제 그리도 원하던 자신의 미래를 알았다. 그러나 그건 그에게 아무런 유익을 주지 못했다. 성경은 이 말을 들은 사울의 모습을 기록한다. 사울은 지치고 두려워져서 땅에 엎드린 채 일어나지도, 먹지도 못했다.

사울의 이야기로 하나님께서 우리에게 알려주고 싶으셨던 건 무엇일까? 하나님은 미래를 아는 게 나에게 결코 유익하지 않다는 것, 오히려 해가 될 수도 있다는 사실을 알려주셨다. 미래를 알고 싶다는 내 욕구는 선하지 않았다. 어쩌면 그것은 내 미래의 '주도권'을 하나님으로부터 빼앗아 오고 싶다는 욕망에서 비롯되었을지도 몰랐다.

그동안 나는 '내 삶은 내 것'이라 여기며, 내 미래를 하나님께서 쥐고 있다는 사실을 불편하게 여겼다. 그것은 내가 하나님을 제대로 신뢰하지 못했다는 뜻이기도 했다. 하나님께서는 말씀을 통해 나에게 당신의 마음을 전달하셨다.

> 믿음이 없이는 하나님을 기쁘시게 하지 못하나니 하나님께 나아가는 자는 반드시 그가 계신 것과 또한 그가 자기를 찾는 자들에게 상 주시는 이심을 믿어야 할지니라 (히브리서 11:6)

결론을 알지 못한 채 막연히 공부하는 일은 때때로 우리를 힘들게 한다. 암기할 것이 많을 때도 문제가 잘 안 풀릴 때도 힘들지만, 가장 힘든 순간은 알 수 없는 미래에 마음이 불안해질 때다. 이때는 의욕도 사라지고 자신감도 낮아진다.

그러나 살아 계신 하나님을 믿고 하나님께서 근본적으로 상을 주시며 돌봐주시는 분임을 믿을 때, 그분은 우리에게 다시 일어날 힘을 부어주신다. 이는 세상 그 어떤 공부법으로도 일궈낼 수 없는 성과다. 오로지 하나님을 믿는 자녀에게만 허락된 놀라운 축복이다.

소심한 기드온에게 확신을 주신 것처럼

'양털 뭉치 판별법'이라는 것이 있다. 하나님의 뜻을 알기 위해 사용하는 방법인데, 성경에 딱 두 사례가 나온다. 첫 번째는 전쟁을 앞둔 기드온이 등장하는 장면이다.

기드온은 하나님께서 전쟁을 승리로 이끄실지 아닐지 무척 궁금했다. 그래서 그는 양털 뭉치 하나를 마당에 가져다 놓고 이렇게 기도했다.

"하나님, 만약 우리의 승리가 하나님의 뜻이라면 밤사이에 이슬이 양털 뭉치만 적시고 마당에는 내리지 않게 해주세요."

다음 날 아침, 기드온은 깜짝 놀랐다. 자기가 기도한 대로 양털 뭉치에만 이슬이 축축이 내렸고 그 주변 마당은 메말라 있었기 때문이다. 기도가 이루어졌는데도 기드온은 또다시 기도했다. '양털 뭉치는 원래 이슬이 잘 맺히는 것일 수도 있겠다' 싶었나 보다.

"하나님, 이젠 반대로 한번 해볼게요. 내일 아침엔 양털 뭉치에 이슬이 없고, 주위 마당만 젖도록 해주세요. 그러면 이번 전쟁이 진짜 하나님의 뜻인 줄로 알겠습니다."

내가 하나님이었다면 짜증이 좀 났을 법한데, 하나님께서는 이번에도 기드온이 요구한 대로 들어주셨다. 이에 기드온은 큰 용기를 얻어 전쟁터에 나갔고 대승을 거두었다.

이것이 소위 양털 뭉치 판별법이다. 사울이 무당에게 자신의 미래를 알려달라고 했던 것과 다른 점은 이건 초자연적인 현상, 즉 기적은 아니라는 사실이다. 어쩌면 우연의 일치로 볼 수도 있는 사건을 하나님의 뜻이라고 해석하는 방식이다. 하나님께서는 이런 방법으로 기드온을 응원하셨다.

비슷한 장면이 성경에 한 군데 더 있다. '믿음의 조상'이라 불렸던 아브라함이 자신의 며느리를 얻는 부분이다. 아브라함은 자신의 외아들 이삭의 아내를 직접 구해주고 싶었다. 그래서 가장 충성스러운 종에게 먼 길을 떠나 며느릿감을 찾아오라고 말했다. 아브라함의 충직한 종은 즉시 낙타 열 마리와 미래의 며느리에게 줄 선물들을 챙겨서 길을 떠났다. 오랜 여행 뒤, 어느 낯선 마을에 도착한 그는 우물 근처에 앉아 이렇게 기도했다.

'하나님, 지금은 저녁때니까 저녁밥을 짓기 위해 이 마을의 소녀들이 물을 길으러 나올 것입니다. 만약 그들 중에서 나뿐만 아니라 내가 데리고 있는 낙타들에게까지 물을 먹이는 친절한 소녀가 있다면, 그 소녀를 주님이 예비한 사람이라고 생각하겠습니다.'

기도가 채 끝나기도 전에 한 소녀가 머리에 물동이를 메고 나타났다. 성경은 그 소녀를 일컬어 너무나도 아름답고 남자를 가까이 하지 않은 처녀라고 묘사한다. 아브라함의 종이 마실 물을 부탁하자 그녀는 곧바로 항아리를 기울여 물을 떠 주고는, 낙타 열 마리에게도 하나하나 물을 먹였다. 이 소녀가 훗날 이삭의 아내가 된 '리브가'다.

멋지다. 이렇게 쉬운 방법이 있었다니! 나도 이 방법을 한번 써봐야겠다고 다짐했다. 집으로 돌아오는 길, 술에 취한 누군가가 길바닥에 만들어놓은 콤비네이션 피자를 먹고 있는 비둘기들을 보았고, 문득 '양털 뭉치 판별법'을 써봐야겠다고 생각했다.

'하나님, 제가 두 팔을 갑자기 벌려보겠습니다. 그때 저 비둘기들이 한 마리도 남지 않고 모두 날아오르면, 그건 제가 이번 수능에서 대박 난다는 하나님의 뜻으로 알겠습니다.'

나는 '왁' 소리를 지르면서 비둘기들을 향해 달려들었다. 그런데 마지막에 두 마리가 날아오르지 않고 계속 피자를 쪼아대는 것이 아닌가!

'어? 하나님. 방금 건 무효입니다. 제가 흥분해서 소리도 질렀거든요. 원래는 팔만 벌리기로 했었으니 이번 건 무효라 치고 다시

할게요.'

이 글을 읽고 애꿎은 비둘기들을 괴롭히는 친구들이 없기를 바란다. 사실 성경은 우리에게 하나님의 뜻을 알기 위해 양털 뭉치 판별법을 사용하라고 요구한 적이 없다. 예컨대 기드온은 양털 뭉치를 마당에 놓기 전부터 하나님의 뜻을 이미 알고 있었다. 하나님께서 여러 번 그의 앞에 나타나 승리할 것이라고 얘기하셨으니 말이다. 그는 단지 위안이 필요했다. 양털 뭉치를 마당에 놓으면서도, 이것이 적을 두려워하는 소심한 행동임을 스스로 알았다. 그래서 "하나님, 제가 이렇게 하는 것에 대해서 부디 화내지 말아주세요" 라고 기도했다. 그는 전쟁을 승리로 이끈 리더였으나 천성이 대담하지 못한 사람이었고 증거가 없으면 신뢰하지 않는 사람이었다. 하나님이 기드온에게 직접 천사를 보냈지만, 그때도 기드온은 "당신이 천사임을 증명해 보라!"라고 말할 만큼 믿음이 부족했던 사람이었다.

아브라함의 종도 마찬가지였다. 자신의 방식이 하나님의 뜻을 알기 위한 일반적인 방법이 아니라는 것을 잘 알고 있었다. 그래서 리브가가 낙타들에게 물을 먹이는 광경을 보면서도, 그것이 정말로 하나님의 인도인지 계속해서 고민하고 또 고민했다(창세기 24:21). 그는 리브가의 부모님을 찾아가 이러저러한 이유로 여기까지 오게 되었는데, 혹시 리브가를 내어줄 의향이 있는지 물었다. 만약 리브가의 부모님이 반대하면 하나님의 뜻이 아니라고 생각할 참이었다. 그러나 리브가의 부모님은 자신의 딸을 먼저 불러 이 사람을 따라가고 싶은지를 물었다. 리브가는 그러겠다고 대답했고, 그제야 아브라함의 종은 이 모든 것이 하나님의 뜻임을 알았다.

이적! 기적! 신기한 우연의 일치! 세상 사람들은 이런 게 보여야만 믿겠다고 이야기한다. 그러나 이적이 있어야 믿는다면 그것은 신앙이 아니라, 과학이라고 불러야 할 것이다. 예수님도 이런 사람들에게 지치셨던 것 같다. 당시 사람들이 예수님에게, 이적(기적)을 보여주어야 믿겠다고 고집을 부렸기 때문이다. 하지만 예수님이 온갖 기적을 일으켰어도 그들은 믿지 않았다. 그러니까, 안 믿을 사람은 어떻게 해도 안 믿는 것이다.

예수께서 가라사대 너희는 표적과 기이한 일을 보지 못하면 도무지 믿지 아니하리라 (요한복음 4:48)

이렇게 많은 이적을 저희 앞에서 행하셨으나 저를 믿지 아니하니 (요한복음 12:37)

우리는 마치 도마처럼 "예수님 손의 못 자국을 내 손으로 직접 만지지 않고서는 그의 부활을 믿지 않겠다!"라고 외치면서, 기적을 요구하고, 신기한 우연의 일치를 요구한다. 그러나 그런 우리에게 주님은 말씀하신다.

> 예수께서 가라사대 너는 나를 본 고로 믿느냐 보지 못하고 믿는 자들은 복되도다 하시니라 (요한복음 20:29)

시간이 흘러 수능 날 아침이 되었다. 시험을 치를 학교에 도착한 나는 교문 근처에 몰려 있는 비둘기들을 보았다. 그러나 비둘기들을 향해 소리를 지르거나 두 팔을 벌리며 달려가지 않았다. 대신 다음과 같은 기도를 마음속으로 드리며 시험장으로 들어섰다.

'주님, 오늘 결과가 어떠할지 이제 궁금하지 않습니다. 다만 지금까지의 내 모습이 당신이 원하시는 모습이었는지가 궁금합니다. 만약 부족했다면 저는 몇 번이고 당신의 훈련학교에 다시 들어가겠습니다. 내 삶을 통해 당신이 이루고자 하는 뜻이 이뤄지기만을 바랍니다. 오늘, 당신이 저의 삶에서 하시고자 하는 일을 하시길 바랍니다. 그게 무엇이든, 저는 만족하고 받아들이겠습니다.'

대학에 입학하면
본선이
시작된다

여호와께서 그 물고기에게 명하시매
요나를 육지에 토하니라
여호와의 말씀이 두 번째 요나에게 임하니라 이르시되
일어나 저 큰 성읍 니느웨로 가서
내가 네게 명한 바를 그들에게 선포하라 하신지라
요나가 여호와의 말씀대로 일어나서 니느웨로 가니라 (…)

(요나 2:10~3:3)

수능을 마치고 몇 달 뒤, 추위가 풀리기 시작한 3월의 첫날이었다. 나는 입학할 대학교로 향하는 마을버스를 기다리고 있었다. 입학식 날이라 그런지 정류장은 한눈에 봐도 신입생 같은 학생들로 가득했다. 버스가 도착하자 나는 그들과 함께 우르르 버스에 올라

탔다. 창밖으로 낯선 풍경이 펼쳐졌다. 앞으로 매일 보게 될 등굣길이라 생각하니, 내가 대학생이라는 게 조금씩 실감이 나면서 두근거렸다.

곧 정문이 보이는 곳에 이르렀고 나는 마을버스에서 내렸다. 그 유명한 '샤' 모양의 정문이 눈에 들어왔다. 국립서울대학교의 이니셜인 ㄱ, ㅅ, ㄷ을 합쳐놓은 로고라고 했다. 그게 뭐냐고, 이렇게 단순한 디자인은 나도 만들 수 있겠다고 생각했다.

초등학교 4학년부터 지금까지 10년 동안 나를 키워주신 외할머니는 결국 합격 소식을 듣지 못하고 하나님 곁으로 가셨다. 수능이 끝나고 외할머니는 이제 할 일을 다 했다며 어서 주님 곁으로 가고 싶다고 말씀하시곤 했다.

외할머니를 무척 사랑하셨던 하나님께서는 외할머니의 마지막 소원까지 다 들어주셨다. 외할머니가 평소 기도하던 소원은 자신이 치매나 질환으로 주위 사람을 힘들게 하지 않고 주님 곁으로 가는 것이었다. 몇 년 전 어느 겨울밤, 정말로 할머니는 조용하고 편안하게, 아무런 고통 없이 그토록 사랑하던 분의 품으로 돌아가셨다.

외할머니는 하나님만을 의지하는 진짜 신앙생활이 무엇인지 당신 삶을 통해 몸소 보여주셨다. 겸손함이 무엇인지, 성도를 섬기는 사랑이 어떠한 건지 하나하나 실천하셨던 모습이 이제 내 마음속에서 수십, 수백억 재산보다 더 소중한 신앙의 유산으로 남았다.

외할머니가 지금 살아 계셨더라면 오늘의 내 모습을 보시며 많이 뿌듯해하셨을 텐데… 이렇게 생각하자 아쉬움과 그리움이 섞인 감정이 가슴속에서 올라왔다. 나는 핸드폰을 꺼내 어머니에게 전화를 걸었다.

"저 잘 도착했어요."

"그래, 아들! 축하한다. 어린애도 아니니까 입학식에 엄마가 굳이 안 따라가도 되지? 오늘 엄마 온천 가야 되거든."

"…네. 끝나고 또 전화드릴게요."

"그래. 밥 잘 챙겨 먹고 이따 전화해."

헐, 끊겼다. 진짜로 아들 입학식에 안 오시네. MBTI 성격유형이 'STJ'로 끝나는 사람들은 다 이렇게 쿨한 건가? 아니야, 이건 어쩌면 대학 합격이라는 얄팍한 성공에 마음 두지 말라는 어머니의 말 없는 가르침일지도 몰라. 평소 성격을 생각하면 진짜 온천 때문인 것도 같지만, 일단 그렇게 생각하자. 난 착한 아들이니까.

입학식을 마치고 나는 중앙도서관 앞에 있는 벤치에 앉았다. 앞으로 어떤 삶이 펼쳐질까? 하나님께서는 나에게 무엇을 바라고 계실까? 입시가 끝났으니 이제 또 다른 공부를 해야겠지만 나는 여전히 하나님의 뜻을 궁금해하고 있었다. 어쩌면 이 고민은 내가 죽는 날까지 이어질지도 모른다.

한때는 모든 것을 버리고 아프리카 같은 오지 선교사로 나가야만 천국에서 하나님께 칭찬받을 수 있으리라, 그렇게 생각했다. 그러나 그게 아니었다. 골키퍼가 골을 넣겠다고 골문을 떠나면 경기는 엉망이 된다. 하나님께서는 이유가 있어서 이곳에 나를 두셨다. 서울대학교에 들어온 것은 내가 잘나서도 아니며, 하나님 앞에서 제대로 살아서도 아니다. 뭔가 이유가 있기에 나를 여기까지 이끄신 것이다. 진짜 경기는 이제부터 시작이다.

크리스천은 십자가의 의미를 깨달으면서부터 삶의 가장 중요한 변화를 겪는다. 그러나 그것이 끝은 아니다. 개인적으로 하나님을 영접하고 크리스천이 된다는 그 놀라운 변화도 사실 또 다른 변화를 위한 첫 단계일 뿐이다. 하나님께서는 우리 각자의 삶에 분명한 목적을 가지고 계시기 때문이다. 그분이 우리를 지금 이 장소에, 이 시간에 두신 것에는 특별한 이유가 있다. 그 특별한 이유, 우리는 그것을 '하나님의 뜻'이라고 부른다.

어떻게 보면 우리 크리스천들은 경기장에서 뛰고 있는 선수와도 같다. 하나님께서는 경기장 밖에서 경기의 흐름을 읽고 선수들에게 전략을 주문하는 감독이다. 선수들이 승리를 목표로 뛴다면 크리스천들도 '하나님의 영광'이라는 목표를 위해 뛴다. 그 목표를 이루고자 어떤 사람은 선교사로, 어떤 사람은 직장인으로, 또 어떤 사람은 나처럼 학생으로 섰다.

훗날 하나님께서 서울대학교라는 간판을 내려놓으라고 하실 수도 있다. 고3 시절의 나라면 "하나님께서 나에게 어떻게 이러실 수 있지?"라며 원망했겠지만, 신입생으로 입학하던 나는 그럴 수 있다고 생각하는 사람으로 바뀌어 있었다. 주신 분이 하나님이니 맡기신 것을 찾아가겠다는 것도 있을 수 있는 일이다.

그분이 그러실 때는 분명 이유가 있다고 이해하기로 했다. 그것이 무엇인지는 잘 몰라도 그분이 나를 사랑하셔서, 그리고 더 큰 목적을 위해 그러신다는 사실만은 믿을 수 있었다.

어떤 사람들은 인생을 성공과 실패로 나누고, 대학을 명문대와 지방대로 나눈다. 그리고 서울대는 그중 성공에 해당한다고 말한다. 부끄럽지만 학창 시절의 나도 한동안 그런 생각에 젖어 있었다. 그러나 예전의 내가 성공이라 여기던 위치에 실제로 가보니, 이것 자체가 성공은 아니라는 생각이 들었다. 여기에 오기까지 그 과정에서 소중한 것들을 너무나 많이 배웠기 때문이다.

나는 공부하면서 결과를 두려워하지 않는 것이 얼마나 중요한지를 배웠다. 올바른 계획을 세우는 방법과 매일 꾸준히 노력하는 방법을 배웠다. 삶을 어지럽히는 잡기를 통제하는 방법과 무엇인가에 집중하는 방법도 배웠다. 그리고 남다른 성실함이 어떠한 놀라운 결과를 가져오는지를 배웠다. 하나의 노력은 백 가지 재능을 뛰어넘고, 올바른 자세는 모든 방법을 뛰어넘는다는 사실도 배웠다.

이것은 공부하면서 내가 완벽한 사람이 되었다는 말이 아니다. 무슨 일을 도모할 때 어떤 방법과 마음으로 해야 할지를 분명히 알게 되었다는 소리다. 이 모든 훈련 과정에 나를 두신 것은 바로 하나님이시며 내가 이 길을 무탈하게 걸어올 수 있었던 것도 그분의 도우심이 함께했기 때문에 가능했다는 사실, 그리고 그것은 앞으로도 변함없이 영원할 것이라는 사실이 핵심이다.

나는 '공부'라는 험난한 삶을 뒤따라오는 크리스천 후배들이 그런 믿음을 잃지 말기를 바란다. 그리고 그들이 이 시대에 태어나 공부하는 길을 걷도록 안내하신 하나님의 뜻을 충분히 이해하게 되기를 바란다.

큰 목표를 이룰 필요는 없다. 2달란트를 받았다면 2달란트만 남기면 된다. 그러면 5달란트를 받아서 5달란트를 남긴 사람과 똑같은 칭찬을 받게 된다.

중요한 것은 공부하는 과정에서 올바른 동기를 가지는 것과 충성된 모습을 보이는 것이다. 그럼 결과는 하나님께서 필요하신 만큼 알아서 만드실 것이다. 그건 내가 신경 쓸 부분이 아니다. 그렇다면 우리의 공부는 사실 너무나 편한 것이 아닌가? 게다가 우리의 공부를 세상의 창조주인 하나님께서 도우신다고 하면, 한번 열심히 해볼 가치가 있지 않나?

벤치에 앉아 이런저런 생각에 잠겨 있던 그때, 어디선가 익숙한 멜로디의 가사가 들려왔다. 눈을 들어 살펴보니 저쪽 잔디밭에 서너 명이 앉아서 기타 반주에 맞춰 찬송을 부르고 있었다. 나도 모르게 그 찬송을 흥얼거리며 따라 불렀다.

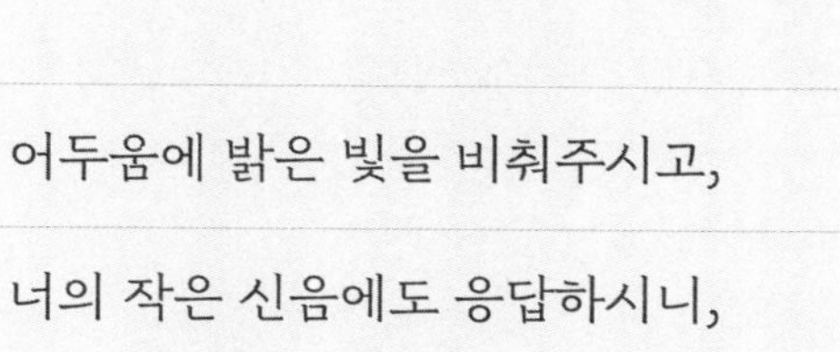

어두움에 밝은 빛을 비춰주시고,

너의 작은 신음에도 응답하시니,

너는 어느 곳에 있든지 주를 바라고,

주만 바라볼지라.

네가 자기의 사업에 근실한 사람을 보았느냐
이러한 사람은 왕 앞에 설 것이요
천한 자 앞에 서지 아니하리라
(잠언 22:29)

Part 2

크리스천 공부법 실천 가이드

질문하기

"쓰임받으려면 어떤 능력이 필요할까?"

예전에 대만에서 최악의 의료사고가 터진 적이 있다. 사건의 개요는 이러했다. 어떤 남자가 고층 건물에서 떨어졌고 머리를 크게 다쳤다. 응급처치는 했지만 그는 곧 뇌사상태에 빠졌고, 다음 날 가족들은 병원 측에 장기기증 의사를 전달했다. 환자의 심장, 간, 폐, 그리고 두 개의 신장은 모두 적출되었고 각각의 장기는 다섯 명에게 안전하게 이식되었다. 그런데 이식수술이 '성공적'으로 끝난 뒤 병원 측은 한 가지 사실을 뒤늦게 알았다. 뇌사상태였던 그는 사실 에이즈 감염 환자였던 것이다. 새 생명을 받았다며 좋아하던 사람들의 기쁨은 잠시, 그들은 자신도 곧 에이즈에 걸리리라는 사실을 접한 뒤 극심한 절망에 빠졌다.

왜 이런 끔찍한 일이 일어났을까? 원인은 간단했다. 환자의 에이즈 감염 여부를 검사해야 하는 시스템이 병원 측 무능함으로 제대로 작동하지 않았다. 만약 병원 직원들과 의사들이 꼭 해야 할 일을 꼼꼼히 처리할 줄 아는 유능함을 갖췄더라면, 애꿎은 다섯 명의 생명이 희생되는 일은 일어나지 않았을지도 모른다.

우리는 '비윤리적인 것'과 '무능함' 중에서 전자가 더 나쁘다고 생각하는 경향이 있다. 예컨대 어떤 의사가 제약업체로부터 뒷돈을 받고 특정 약품을 구매했다면, 그것은 분명한 위법행위이자 비윤리적인 행동이다. 그러나 비윤리적인 의사가 '무능한 의사'보다 나쁘지는 않다. 왜 그럴까?

만약 당신이 좀 더 멋진 모습을 갖고 싶어 성형수술을 받게 되었다고 가정하자. 그런데 그 의사가 무능해서 당신의 눈을 마치 피로에 찌든 개구리눈처럼 만들었다면, 어떤 마음이 들까? 만약 당신이라면 정직하고 좋은 분이지만 개구리눈으로 만드는 의사와 제약업체로부터 뒷돈을 받긴 하지만 쌍꺼풀만큼은 정말 예쁘게 만들어주는 의사, 둘 중에 누구를 택하겠는가?

물론 도덕성과 실력을 모두 갖춰야 함은 두말할 나위가 없다. 다만 많은 이들이 자신의 부정직은 자책하면서, 정작 '실력 부족'에는 별다른 죄책감을 느끼지 못한다는 사실을 지적하고 싶다. 특히 크리스천들이 그런 생각에 빠지는 경향이 있다.

'선한' 사람이 되는 일도 중요하지만 선하다는 것이 실력의 부족함을 정당화할 수는 없다. 또한 착한 사람이라는 이유로 노력의 모자람과 게으름을 면죄받을 수 있는 것은 아니다. 하나님께서는 크리스천이 남보다 더 뛰어난 실력을 갖추길 원하신다. 그래야만 주위 사람을 도울 수 있고 세상의 진정한 빛과 소금이 될 수 있기 때문이다. 성경에서 솔로몬은 이렇게 말했다.

> 네가 자기의 사업에 근실한 사람을 보았느냐 이러한 사람은 왕 앞에 설 것이요 천한 자 앞에 서지 아니하리라 (잠언 22:29)

왕은 누구를 찾는다고 말하는가? 순전히 착한 사람? 아니다. 왕이 찾는 사람은 '유능한(skilled) 사람'이다. 그렇다면 성경은 우리가 이것저것 다 잘하는 슈퍼맨이 되어야 한다고 말하는 것일까? 팔방미인이나 엄친아 정도는 되어야 하나님께 쓰임받는다는 말일까? 성경이 말하는 유능한 사람의 의미는 우리가 일반적으로 알고 있는 그것과는 약간 다르다. 이를 설명하려면 이스라엘 민족의 시초인 아브라함 이야기가 적당하겠다.

광야에서 생활하던 아브라함은 어느 날, 소돔과 고모라에 사는 조카가 전쟁 통에 끌려갔다는 소식을 들었다. 아브라함은 즉각 318명의 군사를 이끌고 그들을 좇아갔다. 그들은 대담한 기습 공격을 감행했고, 결국 끌려간 모든 이들의 재산을 되찾아 돌아왔다.

과연 318명은 누굴까? 갑자기 하늘에서 뚝 떨어진 사람들이 아니었다. 이들은 아브라함이 평소 준비해 둔 사람들이었다. 그는 만사에 대비하고 있었다. 아브라함이 끌려간 사람들을 구하는 기적을 이룰 수 있었던 비밀은 바로 '미리 준비하는 자세'에 있었다.

하나님께서 우리에게 바라는 것은 뛰어난 재능도 아니요, 출중한 능력도 아니다. 일이 닥치기 전에 미리 준비하는 자세뿐이다. 슬기로운 다섯 처녀들이 결혼 잔치에 참석할 수 있었던 이유도 그들이 예뻐서가 아니었다. '미리 잘 준비된 등불'을 들고 신랑을 기다렸기 때문이었다. 전쟁에서 승리하고, 잔치에 참여하고, 왕의 신하가 된 사람들은 결국 평소에도 미리 준비하던 사람들이었다. 바로 그것이 성경에서 우리에게 요구하는 '유능함'의 진정한 의미다.

우리는 명문대나 의대를 나와서 돈을 잘 벌거나 좋은 직업을 가져야 유능한 사람이라고 단정 짓는다. 그러나 성경이 말하는 유능한 사람이란 판검사나 변호사, 의사를 의미하지는 않는다. 솔로몬이 '자기의 일'이라고 표현한 것에 주목하자. 내 일, 나에게 맡겨진 그 일에서만 유능해지면 된다. 그것이 현재 작고 초라해 보이더라도 말이다.

얼마 전, 동네 세탁소에 들른 적이 있었다. 셔츠에 단춧구멍을 하나 더 뚫기 위해서였다. 그런데 세탁소 주인은 이런 '고난도 작업'은 여기서는 할 수 없다고 말했다. 옷 공장에서나 가능하다는 것이었다. 나는 체념한 채 한숨을 쉬며 세탁소 밖으로 나왔다.

집으로 돌아오는 길에 다른 세탁소 한 곳만 더 들러보려 했다. 그런데 그곳 주인은 너무나도 명쾌한 목소리로 "네, 이틀 뒤에 와서 찾아가세요"라고 했다. 나는 깜짝 놀라서 정말로 수선할 수 있냐고 물었고, 주인아저씨는 웃으면서 "왜요? 세탁소에서 옷 수선된다는 말이 그렇게 이상해요?"라고 받아쳤다. 그 순간 나는 이분이야말로 솔로몬이 말했던 '자기 일에 유능한 사람'이라는 생각이 들었다.

본인은 그럴 의도가 없었을지라도 분명 그분은 사람들을 돕고 있었다. 그때 난 도움이 절실했고, 그분은 자기 유능함으로 나의 필요를 채워줬다. 그리고 그 유능함은 내가 옷을 맡기러 가기 전부터 이미 준비된 상태였다. 기분 좋게 옷을 맡기고 세탁소를 나오면서, 언젠가 크리스천 후배들에게 이분 이야기를 꼭 들려줘야겠다고 다짐했다.

지금은 도서관 구석에서 누구의 주목도 받지 못한 채 지겨운 책을 들여다보고 있지만, 살다 보면 언젠가 생각지 못한 기회가 반드시 찾아온다. 그 미래를 준비하면서 매일매일 성실히 살아간다면 하나님의 쓰임을 받을 수 있는 기본적인 조건을 갖춘 사람이 되는 것이다.

하나님 뜻을 따라 살기 원하는 크리스천이라면 말씀과 기도와 전도에 힘쓰는 영성의 삶도 중요하겠지만, 더불어 현실에서 주어진 과제를 멋지게 해내는 실력 있는 사람이 되려고 힘써야 한다. 그렇게 실력을 쌓으려면 우리는 무엇을 지키고, 어떻게 노력해야 할까?

좋은 성적은 결과일 뿐 목표가 될 수 없다

크리스천을 위한 공부 십계명 ①

오늘 나는 결과에만 집착하고 실력 이상의 성과를 바라지는 않았나? 결과보다 실력 자체를 기르는 노력을 후회 없이 기울였는가?

우리는 종종 뉴스나 인터넷에서 갑자기 부자가 된 사람들이 휘말린 비극적인 사건을 접하곤 한다. 운 좋게 로또 1등에 당첨되었거나, 주식과 코인이 대박 났거나, 땅값이 폭등해서 하루아침에 큰돈을 벌어들인 사람들. 이들은 대개 심한 가정불화로 이혼소송을 진행하게 되거나 거액의 투자금을 사기당하고, 급기야 재산을 두고 벌어진 다툼으로 가족 간에 살인이 일어나기도 한다. 비극이 아닌 다른 말로는 표현할 수 없는 사건들이다.

참 이상하다. 세상에 돈만 있으면 모든 게 해결될 것만 같은데,

도대체 왜 이들은 일확천금을 얻고도 아름다운 결말을 맞이하지 못할까? 내가 생각하기에 그 이유는 자기가 노력한 이상의 몫을 받았기 때문이지 싶다. 실력 이상의 보상은 그것이 무엇이든 우리에게 독이 되어 돌아온다. 크리스천이라면 이러한 요행을 단호히 거절해야 한다. 언뜻 보면 기회를 놓치는 어리석은 행동 같지만, 결국 이것이 우리를 살리는 기준이며 우리가 하는 일에 성공을 가져다주는 원칙이다.

이집트에 노예로 팔려 간 요셉은 이 기준과 원칙을 자기 삶에 이미 적용하고 있었다. 귀족 집에서 종살이하던 잘생긴 청년 요셉에게 어느 날 유혹이 찾아왔다. 아름다운 한 여자가 그에게 적극적으로 다가왔다. 그녀는 다른 이도 아닌 주인의 아내였다.

만약 요셉의 삶에 원칙이 없었다면 그는 유혹에 쉽게 넘어갔을 것이다. 어차피 형들에게 배신당하고 노예가 되어 망가진 인생이 아닌가. 가뜩이나 사람 취급도 못 받으며 살고 있는데, 그럴 바에는 차라리 주인의 아내에게 자신을 바치는 편이 낫지 않나. 마침 당시 집에는 다른 사람도 없었다! 아무도 모를 텐데, 저렇게까지 적극적으로 들이대면 한 번쯤 넘어가도 괜찮지 않을까? 그러나 그는 자기 삶의 원칙을 이내 떠올렸고, 그녀에게 이렇게 답했다.

주인이 내게 아무 것도 금하지 아니하였어도 금한 것은 당신뿐이니

(창세기 39:9)

내 것만 가지겠다! 아무리 기회가 탐나도, 들킬 염려가 전혀 없더라도, 고단한 삶을 적실 단비처럼 달콤하게 느껴지는 유혹이더라도, 그것이 나의 노력과 실력으로 정당히 받은 것이 아니라면 가질 수 없다! 이것이 요셉의 가치관이었다. 이런 사람은 발전할 수밖에 없다. 유혹을 물리쳤을 때 찾아오는 뿌듯함은 성실한 삶에 더욱더 가속도를 붙여주기 때문이다.

요셉은 이 일로 격분한 주인집 아내의 모함을 받아 결국 감옥에 갇혔다. 그러나 요셉은 자신의 선택을 후회하지 않았다. 그리고 자기 것만 정당하게 가져가겠다는 삶의 원칙을 감옥에 들어가서도 그대로 유지했다. 만약 요셉이 원칙 없이 살아왔던 사람이라면, 그는 결코 이집트의 총리 자리에 오르지 못했을 것이다.

가령 애니메이션 영화 「알라딘」(1992)에 나오는 요술 램프 지니가 여러분 앞에 나타났다고 하자. 지니가 '기말고사에서 100점을 받을 수 있는 답안지'와 '기말고사에서 5점을 올릴 수 있는 실력' 중 하나를 고르라고 한다면 당신은 무엇을 고를 것인가? 모르긴 몰라도 상당수가 겨우 5점 올릴 실력보다 당장 100점이라는 결과

를 택하지 않을까? 그러나 본래 자기가 가진 것 이상의 성과는 불행을 부르는 로또처럼 결국 우리에게 독과 같은 존재가 된다.

성적 하위권을 벗어나지 못하던 시절, 나에게는 이상한 징크스가 하나 있었다. 처음 시작은 우연이었다. 아무리 공부해도 실력이 좀처럼 나아지지 않던 어느 날, 나는 시험 하루 전날 공부를 포기해 버렸다. 그런데 성적이 전보다 잘 나왔다! 공부를 안 한 시기와 찍은 문제들이 때마침 잘 맞은 시기가 우연히 겹친 것뿐인지도 모르지만, 당시에는 그게 일종의 법칙처럼 느껴져 나름 신념이 생겼고 결국 그게 나만의 징크스가 되었다.

놀라운 비법을 발견한 나는 다음 시험부터 공부를 미리 하지는 않았다. 공부를 안 하니 머릿속이 맑아져 더 시험을 잘 치렀다는 이상한 해석도 더해졌다. 징크스는 반에서 꼴찌를 하고 "이대로라면 너 4년제 대학도 못 간다"라는 선생님 말씀을 듣기 전까지 깨지지 않았다.

가끔 우리에게 실력 이상의 성과가 찾아올 때가 있다. 평소에는 공부를 별로 안 했는데, 전날 벼락치기를 해서 생각보다 점수가 잘 나오는 상황이 대표적인 예다. 그때부터는 벼락공부가 마치 진정한 공부법처럼 느껴지고 이내 습관이 된다. 실력보다 앞선 성과를 맛본 쾌락을 잊지 못해 '평소에 굳이 힘들여 공부할 필요가 있을까?'라고 생각하며 더는 노력하지 않게 되는 것이다.

이런 사실을 깨닫고 난 뒤 나는 아는 문제든 모르는 문제든 찍지 않기로 했다. 모르는 문제는 차라리 답을 비웠다. 운이 좋아 맞히기라도 하면 그것이 마음속에 각인되어 나도 모르게 또 비슷한 요행을 바랄 것 같아서였다. 그렇다고 답을 안 쓰고 계속 비워두는 게 반드시 좋은 선택이라는 뜻은 아니다. 나의 경우 그렇게 답을 비워야 하는 상황이 생기는 게 억울했다. 그래서 시험이 끝나면 다시는 그런 일을 만들지 않기 위해 더 열심히 공부했다.

우리가 공부하는 일차적 이유는 좋은 성적을 받기 위해서일 거다. 그러나 좋은 성적은 결과일 뿐 목표가 될 수 없다는 사실을 알아야 한다. 결과에 집착하고 일희일비하다 보면 실력이 제대로 쌓이지 않는다. 우리의 목표는 결과가 아닌 실력이 되어야 한다. 그래야 결과도 자연스럽게 좋아진다. 낮은 성적에 슬퍼할 게 아니라 낮은 성적을 낸 형편없는 실력에 슬퍼해야 할 일이다. 둘은 비슷한 말 같지만, 전혀 다른 의미다.

단순히 '열심히'가 아니라 구체적인 목표를 세워라

크리스천을 위한 공부 십계명 ②

오늘 나는 노력을 기울여야 할 분명한 목표들을 정하고 시작했나? 나는 그 목표들을 어떤 이유로 세웠나?

스포츠 중에서 공부와 닮은 종목이 있다면 권투, 태권도, 이종격투기 같은 소위 '주먹으로 치고받는' 경기다. 이를 잘하기 위해서는 체력 훈련이나 각종 기술을 익히는 훈련도 필요하겠지만 더 중요한 것이 있다. 챔피언들이 입을 모아 말하는 비결은 바로 '날아오는 주먹을 무서워하지 않는 것'이다.

이유는 간단하다. 주먹이 온다고 해서 눈을 감거나 얼굴을 돌려 버리면 상대를 제대로 볼 수 없다. 상대를 보지 못하면 그때부터는 시합이 아닌, 웅크리고 두들겨 맞는 일만 남는다. 그러니 싸움에서 이기고 싶다면 주먹이 날아와도 두려워하거나 눈을 깜박이지 않고, 내가 주먹을 날려야 할 그곳에 집중해야 한다. 어떤 상황에서도 때릴 곳에서 눈을 떼지 않는 것. 우리는 이것을 목표 의식이라고 부른다. 성과를 내려면 이것이 꼭 필요한데, 주위를 둘러보면 목표 의식 없이 공부하는 친구들이 상당히 많다.

내가 아는 수민이는 반에서 '성실한' 아이로 통했다. 아침에는 언론사 칼럼을 꼬박꼬박 챙겨 읽었고, 쉬는 시간마다 영어 듣기 공부를 했다. 밤에는 도서관에 도착하자마자 인터넷 강의를 시청했고, 집에 오면 수학 문제집을 풀었다. 놀지도 않고 피곤을 참아가면서 매일 그렇게 하루하루를 알차게 보내는 성실한 아이였다.

문제는 성적이 오르지 않는다는 사실이었다. 하루 종일 공부만 하는 것 같은데도 성적이 요지부동하는 상황이 되자 본인도 미칠 지경이었고 주위 사람들도 수민이를 볼 때마다 안타까워했다. 만약 성적이 아니라 노력만 반영하는 입시제도가 있다면 무조건 서울대에 들어갈 거라고 친구들은 위로했지만, 수민이는 그조차 조롱하는 말 같아 듣기 싫었다.

수민이의 경우는 무엇이 잘못됐던 것일까? 바로 제대로 된 목표 없이, '열심히'만 한 점이다. 이미 국어 성적이 좋았던 수민이가 아침마다 언론사 칼럼을 읽는 것은 시간 낭비였다. 영어 문법을 잘 모르겠다고 평소 투덜대던 수민이가 영어 듣기만 붙잡고 있는 것도 비효율적인 공부였다. 학교 수업에서 부족함을 느끼지 못했던 수민이가 인터넷 강의를 따로 듣는 것도 시간 낭비였다. 수학이 제일 어렵다고 해놓고 하루가 끝나갈 무렵에야 미적미적 수학을 시작하는 것도 잘못된 방식이었다. 결국 수민이는 정확한 목표 없이 그저 열심히만 하는 아이였던 셈이다.

바울의 고백 중 "달음질하기를 향방 없는 것처럼 하지 않았고 싸우기를 허공을 치는 것 같이 하지 않았다"(고린도전서 9:26)라는 말이 있다. 이는 분명한 표적을 세우는 것이 바로 승리의 비결임을 역설한 것이다.

많은 학생들이 중간고사 결과에 실망하면서, 기말고사에는 더욱 '열심히' 해서 꼭 성적을 올리겠노라 다짐한다. 어느 정도는 맞는 처방이지만 100퍼센트 정확한 처방은 아니다. 열심히 해도 실력이 오르지 않는 상황은 비일비재하기 때문이다. 더 열심히 하겠다는 마음을 먹기 전에 확실한 목표부터 세워야 하고, 그 목표를 세운 이유도 분명해야 한다. 내가 고등학교 2학년으로 올라가면서 세웠던 목표와 그에 따른 이유는 다음과 같았다.

목표 1 하루 공부의 시작은 수학으로 한다.
이유: 가장 하기 싫은 과목이라서. 미루다 보면 결국 안 하게 된다.

목표 2 **2주 동안 『개념원리』 한 권을 모두 푼다.**
이유: 방학과 시험 기간을 제외하면 1년 중 9개월이 남고, 이 기간에 고등학교 수학 전 범위를 세 차례 반복해서 보려면 2주에 한 권씩 문제집을 다 풀어야 한다는 계산이 나온다.

목표 3 **하루에 푸는 양은 한 단원으로 한다.**
이유: 그래야 2주에 한 권을 끝낼 수 있다.

목표 4 **영단어는 자투리 시간에만 외우고, 듣기는 점심시간 이후, 독해는 저녁 식사 이후에 공부한다.**
이유: 수학에 치중하다 보면 영어는 자투리 시간이나 식사 시간에 틈틈이 해야지, 아니면 시간 내기가 어렵다. 영역별로 공부할 시간을 나눠놓아야 진도가 늘어지는 것을 막을 수 있다.

나는 아침에 일어나 잠들기까지 이 목표를 따라 공부했다. 버스 안에서도, 쉬는 시간에도 쉬지 않고 수학 문제를 풀었고 몇 달 뒤에는 끝내 만점을 받았다. 그렇게 할 수 있었던 것은 단순히 '열심히 하자'라는 마음을 먹었기 때문이 아니라 구체적인 목표가 있었기 때문이다. 그리고 목표에 따른 분명한 이유가 내게는 있었다. EBS 교재를 풀 때도 교과서를 볼 때도 이 공부로 어떤 점을 보충하고 싶은지, 처음 정한 목표와 이유를 꾸준히 점검하려고 노력했다. 만약 목표가 분명치 않거나, 합당한 이유가 없다면 방향을 과감히 수정했다.

성경 속 여호수아 이야기에서 내가 좋아하는 장면이 하나 있다. 르우벤 지파와 갓 지파가 제단을 쌓는 부분이다. 그 모습을 우상을 숭배하려는 것으로 오해한 다른 지파 사람들은 그들을 징벌하겠다며 몰려온다. 그때 르우벤과 갓 지파 사람들이 이렇게 말한다.

우리가 목적이 있어서 주의하고 이같이 하였노라

(여호수아 22:24)

그 제단은 우상을 숭배하기 위함이 아니라, 훗날 있을 민족 간의 분쟁을 미리 막으려는 증표로 쌓은 것이었다. 성경은 르우벤과 갓 지파가 제단을 쌓았던 일이 '이스라엘 자손을 즐겁게 했다'(여호수아 22:33)고 기록하고 있다. 이처럼 분명한 목적을 가지고 도모하는 일은 좋은 반응을 이끌어낸다. 목적이 있었기에 이같이 했다고 담담히 고백하는 그들의 모습은, 미래를 위해 실력을 쌓고자 하는 우리가 항상 가슴속에 담아둬야 할 명장면이 아닐까?

목표를 쪼개면 정복이 쉬워진다

크리스천을 위한 공부 십계명 ③

오늘 나는 큰 목표 앞에 두려움을 가지지는 않았나? 큰 목표를 잘게 쪼개어 하나하나 단계별로 끝내려는 노력을 충분히 했는가?

한참 전 이야기지만, 「극한 직업」이라는 TV 프로그램에서 방영된 내용이다. 그날은 중국에서 석청(돌 사이에 집을 짓고 사는 벌들이 모아놓은 꿀)을 채취하러 다니는 사람들의 이야기가 나왔다. 석청은 대개 사람들의 발길이 닿지 않는 깊은 산속에 숨어 있기에 그것을 채취하려면 수풀을 헤치고 절벽을 오르며 위험한 산을 온종일 누비고 다녀야만 했다. 석청을 캐는 사람에게 기자가 물었다.

"산을 다니다 보면 혹시 곰 같은 동물도 만날 것 같은데, 그럴 때는 위험하지 않나요?"

그러자 그 사람이 웃으면서 이렇게 대답했다.

"자주 만나죠. 그렇지만 위험하지는 않아요. 왜냐하면 서로 무서워해서 둘 다 도망가거든요."

그렇다! 가만히 생각해 보면 진짜 그럴 것이다. 서로를 무서워해서 도망가는 상황을 떠올리면 왠지 웃음이 나온다. 이와 비슷한 장면은 성경에도 종종 등장한다.

이집트에서 탈출해 가나안 땅으로 향하던 이스라엘 백성들은 가나안에 이미 터 잡고 살아가던 백성을 두려워했지만, 정작 가나안은 점점 가까워지는 이스라엘 사람들을 두려워했다. 기드온은 미디안 족속들이 무서웠지만, 반대로 미디안 백성들은 강한 용사 기드온의 존재를 두려워했다. 다윗은 사울이 무서웠고, 사울은 어린 다윗의 존재로 근심했다.

서로 경계하는 상황에서는 그 감정을 먼저 극복하는 사람이 승리한다. 두려움을 이겨내면 과감한 도전을 할 수 있다. 그러면 승리의 열매는 의외로 쉽게 얻어진다. 환경을 지나치게 생각하면 두려움이 생기고, 그 두려움을 극복하지 못하면 앞으로 나아가지 못한다고 이야기했던 솔로몬의 고백이다.

풍세(바람의 세기)를 살펴보는 자는 파종하지 아니할 것이요 구름만 바라보는 자는 거두지 아니하리라 (전도서 11:4)

실력을 기르고 성과를 내려면 마음속의 두려움을 극복해야 한다. 그러면 그 극복 방법은 무엇일까? 성경을 보면 흉년을 맞은 이집트인들의 이야기가 나온다. 앞으로 7년 동안 계속해서 극심한 흉년이 들 것이라는 예언을 들은 이집트의 파라오는, 당시 총리였던 요셉에게 어떻게 해야 이 두려운 일을 극복할 수 있을지를 묻는다. 요셉이 제안한 전략은 '쪼개기'였다. 7년의 흉년도 1년 단위로 쪼개면 1년에 한 번이다. 그러면 1년 세금으로 1년의 흉년을 대비할 수 있게 된다. 요셉은 지금부터 7년 동안 일정한 곡식을 걷어서 매해 쓸 것을 준비하면 이어질 7년의 흉년에 대비할 수 있으리라 판단했다. 기초가 없던 내가 공부를 시작하면서 두려움을 극복하려고 사용한 방법도 이와 같은 '쪼개기'였다.

나는 영어를 듣기·문법·독해·단어라는 네 가지 영역으로 쪼개고 다시 독해를 수준별·문제집별로 나눴다. 그리고 단원을 구별한 후에 오늘 해야 할 것을 시간별로 분배했다. 수학도 마찬가지로 학년별로 나눈 다음 다시 단원별·수준별로 나눴다. 문제 중에서는 어려운 문제와 쉬운 문제를 나름대로 쪼개고, 어려운 문제는 15분 동안 고민해서 풀리는 문제와 그렇지 않은 문제로 또 쪼갰다. 어떤 기준으로 쪼개는지가 중요한 것이 아니라, 쪼갠다는 그 사실 자체가 중요한 것이다. 이렇게 하면 시간대별로 해야 할 공부 분량이

자연히 정해지고, 그 뒤로는 실천만 하면 된다. 영어와 수학을 정복하는 독특한 학습법 같은 건 없다. 이처럼 잘게 쪼개진 매일의 과제를 성실히 수행하면 그뿐이다.

원어민과 유창하게 대화하는 사람을 보면 나는 절대 저렇게 될 수 없을 것 같아서 위축되고야 만다. 그렇다면 하루에 단어 열 개씩 외우는 일은 어떠한가? 아무리 원어민과 자연스레 대화하는 게 두려운 사람이라도 이 일은 부담되지 않을 것이다. 하루에 단어를 열 개씩만 외워도 10년이 지나면 3만 개 이상의 단어를 외우는 셈인데, 이는 현지 대학에서 전문적인 공부도 가능할 만한 수준이며 말 그대로 고급 영어를 구사할 실력이라 할 수 있다. 아무리 두려운 존재도 쪼개고 나면 별것 아닌 일이 된다.

다른 과목도 마찬가지다. 국사 같은 경우, 외울 분량이 많다고 해도 오늘은 선사시대, 내일은 삼국시대… 이런 식으로 쪼개서 공부하면 한결 쉬워진다. 만약 선사시대 공부를 오늘 내로 끝내려 했지만 생각보다 장벽이 높았다면 더 잘게 쪼개면 그만이다. 한 주 내로 선사시대 공부를 마치기로 정하고 월요일은 구석기, 화요일은 신석기, 수요일은 철기, 목요일은 고조선처럼 더 구체적으로 쪼개는 식이다. 그러고 나면 모든 공부가 수월해진다. 짧은 기간 안에 전 범위를 끝내겠다는 각오로 덤비니 어렵게 느껴지는 것이다.

중요한 것은 '꾸준함'이다. 쪼갠 것을 다시 모으지 않으면 아무 의미가 없다. 어떻게 하면 꾸준함을 유지할 수 있을까? 습관으로 만들지 않고는 불가능하다. 자기화하면 그다음부터는 힘들이지 않고도 저절로 공부가 된다.

이때 중요한 것이 있는데, 바로 처음 한 달 동안은 무슨 일이 있어도 인내력과 규칙성을 유지하는 것이다. 지금까지는 7시 반에 일어나다가 당장 내일부터 그보다 30분 일찍 일어나서 단어를 열 개씩 더 외우겠다고 계획하면 당연히 고통스럽다. 너무도 싫겠지만 그 고통의 유효기간은 딱 한 달이다. 인내한 한 달이 지나고 나면 오히려 그 시간에 단어 공부라도 하지 않으면 견디기 어려워진다. 우리 몸은 일정한 상태를 유지하려는 관성이 존재하기 때문이다. 공부는 관성을 이용해서 해야 한다.

'규칙성 유지'란 정해진 시간에는 정해진 공부를 하라는 말이다. 아침에 무엇을 공부할지는 사람마다 다르고 정답은 없다. 그러나 무엇인가를 아침에 하기로 했으면, 그 시간에는 그것만 하는 것이 좋다. 오늘 아침에는 단어를 외우고, 내일 아침에는 수학 문제를 푸는 식으로 시간을 운영하면 좀처럼 습관이 들지 않는다.

결과에 집착하고 일희일비하다 보면

실력이 제대로 쌓이지 않는다.

우리의 목표는 결과가 아닌 실력이 되어야 한다.

머리 숙이지 않으면 아무것도 배울 수 없다

크리스천을 위한 공부 십계명 ④

오늘 나는 공부를 가르치는 사람에게 얼마나 존경하는 마음을 가졌나? 내 얄팍한 판단 기준과 고집으로 나보다 앞선 사람을 비판하거나 얕잡아보지는 않았는가?

“야, 수학 완전 짜증 나지 않냐?”

얼마 전 마을버스를 기다릴 때 옆에서 대화를 나누던 학생 하나가 던진 말이다. 여기서 ‘수학’이란 수학 선생님의 줄임말일 테지. 나는 대화만 듣고도 그 말을 꺼낸 학생이 분명 공부를 못하는 친구일 거라 확신했고 지금도 그 생각은 변함이 없다. 왜일까?

어떤 사람이 싫어지기 시작하면 그가 하는 말과 행동이 모두 꼴불견처럼 다가온다. 좋은 말을 해도 나쁘게 들리고 나쁜 말을 하면 더 나쁘게 들리니, 그에게서는 어떤 영향도 받고 싶지 않다는 생각이 든다. 그 대상이 선생님이라면? 자연히 가르치는 과목도 싫어지고 결국에는 선생 잘못 만나 내 인생 망쳤다는 식의 원망만 남는다. 신기한 건, 이런 사람은 좋은 기회나 멘토를 만나도 기존의 태도를 바꾸지 못하고 패턴을 반복한다는 사실이다. 어떻게든 맘에 안 드는 점을 찾아내고야 마는 것이다.

나보다 앞선 사람, 그것이 나이건 지위건 실력이건 색안경을 끼고 보는 일은 매우 쉽다. 나보다 잘난 상대를 험담하고 싶은 것은 어쩌면 인간의 본성일지도 모른다. 사람들은 대개 누군가를 비판하면서 쾌감을 느끼는데, 그 바탕에도 교만이 깔려 있음을 알아야 한다. 수학은 저렇게 가르쳐서는 안 되며, 교회는 저렇게 운영해서는 안 되고, 자식은 저렇게 기르면 안 된다는 비판 속에는 '그 사람은 틀렸으며 내가 생각하는 방식이 옳다'는 교만이 전제된다. 그러나 성경은 우리에게 이와는 전혀 반대로 행동하기를 당부한다.

> 인간의 모든 제도를 주를 위하여 순복하되 혹은 위에 있는 왕이나 혹은 악행하는 자를 징벌하고 선행하는 자를 포상하기 위하여 보낸 총독에게 하라 (베드로전서 2:13~14)

> 사환들아 범사에 두려워함으로 주인들에게 순복하되 선하고 관용

하는 자들에게만 아니라 또한 까다로운 자들에게도 그리하라

(베드로전서 2:18)

'모든' 제도에 순종하라! 성경의 명령은 분명하다. 그렇다고 해서 크리스천은 무조건 참고 시위 같은 건 하지 말라는 의미가 아니다. 민주국가에서 시민으로서 권리를 행사한다는 건 응당 보장된 법이니까. 하지만 잘못된 법이라고 지키지 않는 것과 잘못된 법을 고치기 위해서 합법적인 노력을 하는 건 전혀 다른 문제다. 제도가 잘못됐다고 생각해 제도 자체를 거부하는 행동은 하나님께서 우리에게 바라는 태도가 아니다.

'까다로운 자'에게도 순종하라! 어떻게 보면 이 말은 상식에 맞지 않는 것처럼 들린다. 잘못된 선생님이나 직장 상사, 부모, 혹여 교회 인도자일지라도 그들이 뭔가를 잘못하고 있다면 고치도록 지적해야 맞는 것 아닌가? 이런 생각은 성경의 가르침과 거리가 먼 세상의 가르침이다. 물론 어떤 부당함이 있더라도 맹목적으로 따르라는 말은 아니다. 가령 상사가 내게 도둑질을 시킨다면? 이 경우에는 '도둑질하지 말라'는 구절이 윗사람에게 순종하라는 구절보다 상위 규칙이 된다. 따라서 도둑질을 시키는 윗사람의 말은 순종할 필요가 없다. 성경 범위 밖으로 벗어날 정도로 잘못된 말은 따를 수 없는 영역인 셈이다. 그러나 그 외에, 성경에 세세히 기록

되지 않은 다른 가르침이나 명령에는 최대한 순종해야 한다.

부당한 일을 당할 수도 있다. 친구와 내가 똑같이 잘못을 저지른 상황에서 선생님이 공부 잘하는 친구는 봐주고, 공부 못하는 나에게만 과도한 과제를 줬다면? 이 또한 정당하지 못한 일임은 분명하다. 그런데도 순종해야 할까? 놀랍게도 베드로는 그래야 한다고 대답한다.

> 부당하게 고난을 받아도 하나님을 생각함으로 슬픔을 참으면 이는 아름다우나 (베드로전서 2:19)

하나님은 왜 우리에게 부당한 상황에도 순종하라고 말씀하실까? 그것은 우리를 괴롭히기 위함이 아니라, 우리의 유익을 위해서다. 윗사람이 윗사람인 데는 다 이유가 있다. 단순히 나이가 많아서도 아니며 우리보다 돈이 많아서 혹은 인맥이나 권력이 많기 때문도 아니다.

우리가 최신 스마트폰을 선생님보다 잘 다룬다고 하더라도, 스마트폰을 가치 있는 일에 적절히 쓰는 능력은 선생님이 우리보다 뛰어나다. 우리가 부모님보다 더욱 열정이 있다고 해도 부모님은 우리의 열정이 언제 끝날지, 그 열정이 식기 전에 우리가 무엇을 해야 할지 알고 있다. 우리가 직장에서 상사보다 일을 더 잘할 수는 있지만, 전체 흐름을 꿰뚫어 보는 통찰력은 한참 부족하다. 그래서 그 자리에 있는 것이다. 물론 내 기준에서 그가 완벽하게 느껴지지 않을 수도 있다. 그렇다고 우리가 생각하는 것만큼 무능하거나 악한 것도 아니다. 그런 점을 무시하고 윗사람을 비방하거나 순종하지 않는다면 결국 손해는 우리가 보게 된다.

실력이 날로 성장하는 사람은 다른 사람을 일단 존중하고 본다. 만약 그 사람이 그럴 만한 인물이 아니라고 판단하면 그제야 존중을 거둔다. 그러나 성장이 없는 사람은 그 반대다. 이들은 다른 사람을 일단 깔보며 시작하고, 그 정도가 아니라는 생각이 든 뒤에야 무시하지 않는 척한다.

결국 실력의 성장은 나 아닌 다른 사람을 어떻게 대하는지와 밀접한 관련이 있다. 이에 대해 성경은 우리의 유익을 위해 윗사람을 존경하라고 말한다(디모데전서 4:8). 비단 성경뿐이 아니다. 공자도 “세 명이 길을 가면 그곳에 반드시 나의 스승이 있다”라고 했다. 하물며 수십 명의 학생들을 책임지고 있는 선생님 말씀이라면 당연히 모든 집중력을 동원해 귀담아들어야 하지 않을까? 그런 태도를 가진 사람의 머리는 선생님이 가르치는 수업을 스펀지처럼 흡수하는 괴력을 발휘한다.

학교에는 물론 잘 가르치는 선생님도 있고, 잘 못 가르치는 선생님도 있다. 그러나 우리가 비방해도 되고 순종하지 않아도 될 만큼 자격이 미달인 선생님은 없다. 선생님이 어떻게 가르치느냐에 따라 우리 실력이 변하는 것이 아니다. 선생님을 대하는 태도가 우리 실력을 가르는 기준이 된다.

시작한 공부는 반드시 끝을 보라

크리스천을 위한 공부 십계명 ⑤

오늘 나는 일단 시작한 것을 끝내기 위해 절실한 마음으로 매달렸나? 힘들다며 쉬워 보이는 다른 공부로 넘어가지는 않았나?

기원전 1250년. 이집트를 탈출한 이스라엘 백성은 우여곡절 끝에 드디어 약속의 땅인 가나안에 도착했다. 가나안 땅에는 바라보기만 해도 두려운 거인 족속들이 살고 있었다. 그들은 굉장히 문란하고 부패한 삶을 살고 있었기에 하나님은 그들을 그 땅에서 쫓아내고 이스라엘 백성을 그곳에 대신 살게 할 계획을 세우셨다. 전쟁을 앞두고 이스라엘 백성의 지도자 여호수아에게 이렇게 말씀하셨다.

> 내 종 모세가 죽었으니 이제 너는 이 모든 백성과 더불어 일어나 이 요단을 건너 내가 그들 곧 이스라엘 자손에게 주는 땅으로 가라 내가 모세에게 말한 바와 같이 무릇 너희 발바닥으로 밟는 곳을 내가 다 너희에게 주었노니 (여호수아 1:2~3)

하나님께서는 약속하셨다. 앞으로 치를 모든 전쟁에서 하나님이 반드시 함께하실 것이고, 이스라엘 민족은 자기 발로 밟는 모든 땅을 차지할 것이라고, 그들이 할 일은 그저 용기를 가지고 앞으로 나아가는 것뿐이라고. 다만 조건이 있었다.

> 네 하나님 여호와께서 그들을 네게 붙여 너로 치게 하시리니 그때에 너는 그들을 진멸할 것이라 그들과 무슨 언약도 말 것이요 그들을 불쌍히 여기지도 말 것이며 또 그들과 혼인하지 말지니 네 딸을 그 아들에게 주지 말 것이요 그 딸도 네 며느리로 삼지 말 것은
> (신명기 7:2~3)

하나님께서는 타락한 가나안 백성들을 모두 쫓아내라고 말씀하신다. 그들과 어떠한 타협이나 화친조약도 맺지 말라고 하셨다. 그런 행동들이 장차 이스라엘 백성에게 영향을 미치면 그들이 하나님 앞에서 돌아서고 이방 신을 따르게 될 것임을 예상하셨기 때문

이다.

이스라엘 백성은 처음에는 승승장구했다. 절대 정복할 수 없을 것만 같던 여리고 성을 무너뜨렸고, 아간의 죄를 청산한 후에는 아이 성도 무너뜨렸다. 철옹성 같던 큰 나라들이 작은 이스라엘 앞에 속수무책으로 무너졌다.

그런데 전쟁의 큰 흐름이 이스라엘이 유리한 방향으로 흘러가자, 이들은 점차 느슨해졌다. 전쟁이란 피가 흐르는 끔찍한 일이고 경제적 부담도 큰 사건이다. 우리가 왜 그들을 꼭 쫓아내야 하는가? 너무 잔인하지 않은가? 게다가 그들을 차라리 우리 노예로 삼아서 힘든 일을 시키면 경제적으로도 우리에게 이익이 아닌가? 이런 생각들이 점점 들기 시작했고, 결국 그들은 하나님의 명령을 어긴 채 남아 있는 나라들과 화친조약을 맺기 시작했다.

성경은 그 후의 슬픈 역사에 대해 기록하고 있다. 결국 살아남은 가나안 백성의 문화에 물든 이스라엘의 백성은 하나님 대신 가나안의 타락한 신들을 섬기기 시작한다. 약했던 가나안 국가들은 훗날 강성해져서 오히려 이스라엘 백성을 지배하게 되었고, 그들 사이의 분쟁은 지금까지도 이어져 내려오고 있다. 그중 한 예로 당시 '블레셋'이라는 국가가 있었는데, 우리가 잘 아는 다윗과 싸웠던 골리앗이 바로 이 블레셋 나라의 용사였다. 현재 이스라엘 국가와 분쟁 관계에 있는 '팔레스타인'의 어원이 바로 이 블레셋이다. 이는 가나안 전쟁이 3000년이 지난 지금까지도 이어지고 있음을 보여준다.

시대가 흘러도 하나님의 성품은 변하지 않으시고, 하나님께서 우리에게 요구하시는 것들도 그대로다. 그때 이스라엘을 향해서 '시작한 것은 확실히 끝을 내라'고 명령하신 하나님께서는 지금 우리에게도 동일한 명령을 하고 계신다. 그리고 그것 역시 우리의 유익을 위해서다. 확실히 끝내지 않으면 그것이 언젠가는 되살아나서 다시금 우리를 괴롭힐 것을 아시기 때문이다. 이 지혜로운 교훈은 우리 삶이 어떤 상황에 놓였대도 적용되는 진리다. 공부 또한 마찬가지다.

고등학교 시절, 수학 점수 25점에 좌절하면서 '앞으로 어떻게 공부해야 이걸 정복할 수 있을까' 고민하던 내게 하나님은 친구 하나를 보내 내 문제점을 짚어주셨다. 그 친구는 내가 그동안 제대로 푼 문제집이 단 한 권도 없음을 지적했고, 그 조언은 핵심을 찔렀다. 나는 뭐든지 제대로 끝내지 못하는 약점을 가지고 있었다.

우리는 게으른 본성이 있어서 편하게만 공부하려고 한다. 무엇인가를 시작하는 일은 언제나 설레고 열정이 차오르지만, 끝을 맺는다는 것은 언제나 괴롭고 고통스러운 일이다. 집합과 명제 부분만 풀고 나머지 단원은 깨끗한 수학 문제집이 그 사실을 증명한다.

제대로 끝내지 못했음에도 "이번에는 제대로 한번 해보자!" 하며 다른 문제집을 또다시 사지만, 패턴은 반복될 뿐이다.

그 패턴을 끊어내기 위해서는 좀 더 집요해져야 한다. 이것저것 건들면 벌여놓은 것만큼 집중력과 열정이 분산된다. 제대로 된 결과가 나오지 않는다. 공부를 잘하기 위해서는 어떤 문제집을 보든 상관없지만, 일단 하나를 잡았으면 마지막 페이지까지 보는 집요함만은 반드시 있어야 한다. 나는 언제나 이 사실을 잊지 않기 위해 노력했다.

고린도 교회 성도들은 형편이 어렵던 예루살렘의 성도들을 돕고 싶어 했다. 그래서 그들은 자원하는 마음으로 일정 금액을 지원하기로 약속했다. 그러나 세월이 흘러도 약속은 지켜지지 않았다. 시작은 했지만 끝을 맺지 못하고 있던 것이다. 바울은 고린도 교회 성도들에게 열매를 맺는 삶이란 끝을 보기까지 집요하게 밀어붙이는 것이며, 하나님은 우리가 할 수 없는 것은 요구하지 않는 분이라고 교훈한다. 바울의 이 말은 지금을 살아가는 우리에게도 유효하다.

이제는 하던 일을 성취할지니 마음에 원하던 것과 같이 성취하되 있는 대로 하라 할 마음만 있으면 있는 대로 받으실 터이요 없는 것은 받지 아니하시리라 (고린도후서 8:11~12)

시작한 일은 반드시 끝을 보라. 끝을 보지 않았으면 끈질기게 매달리고, 다른 과정으로 넘어가지 않는 습관을 길러라. 넘어가지 못하는 그 부분이 당신의 실력을 향상할 열쇠를 쥐고 있다. 한 문제집의 마지막 페이지를 덮어본 적이 없다면 다른 문제집은 사지도 말고, 이해가 안 된다면 이해가 될 때까지 책을 놓지 말아야 한다. 이해되는 것만 보고 풀리는 문제만 들추는 일은 아무리 열심히 공부해도 실력이 오르지 않는 사람이 되는 가장 빠른 길이다. 하나님께서 우리에게 맡기신 과업 중 해도 되고 안 해도 되는 일은 없다. 각자의 마음에 소원을 주셔서 시작하도록 인도하셨다면, 우리에게 요구되는 일은 끝을 봐야 한다. 그것이 실력 있는 크리스천이 되기 위한 필수 자세다.

절제 없이는 승리도 없다

크리스천을 위한 공부 십계명 ⑥

오늘 나는 절제해야 할 것들에 손을 대지 않았나? 나쁜 습관을 멀리하기 위해 경건한 신앙의 습관을 가까이하는 노력을 충분히 했던가?

공부를 싸움에 비유할 수 있다면 그 싸움에서 승리하는 비결은 무엇일까? 타고난 머리? 남다른 집중력? 그것도 아니면 종일 버틸 수 있는 단단한 엉덩이? 한때는 나도 그렇게 생각했지만, 지금은 더 이상 그렇게 생각하지 않는다. 성경은 승리의 비결을 다음과 같이 말해주고 있다.

이기기를 다투는 자마다 모든 일에 절제하나니 (고린도전서 9:25)

절제 없이는 승리도 없다는 것. 절제가 뭘까? 사전을 찾아보면 '정도에 넘지 아니하도록 알맞게 조절하여 제한함'이라고 적혀 있고, 영어로는 'Go into strict training' 혹은 'Self-control'로 표현한다. 즉 절제란, 스스로 조절하는 능력이다.

공부를 열심히 하기 전에는 이 말이 조금 의아하게 들렸다. 이기는 사람은 모든 일에 '집중'한다든가, 모든 일에 '최선'을 다한다는 말이 더 자연스럽지 않을까? 왜 뜬금없이 모든 일에 '절제'라는 단어를 승리의 조건으로 꼽았을까?

그러나 공부하면 할수록 이보다 더 정확한 비결은 없다는 것을 깨달았다. 공부를 잘하는 능력은 공부 외 다른 시간을 포기하는 절제력과 일치한다. 컴퓨터 게임을 하면서 시험공부를 할 수는 없고, 친구들과 웃고 떠들면서 단어를 외울 수는 없다. 하고 싶은 걸 다 하면서 공부를 잘할 리는 없다. 당연한 진리인데도 나는 수많은 시간 동안 이 진리에서 벗어나고 싶어 꼼수를 찾아왔다. 그러나 그런 수단이나 방법은 애초에 없었다.

인간의 간사한 마음은 모든 것을 누리면서도 성공할 방법이 있을 거라고 믿고 싶어 한다. 그리고 그런 우리에게 세상은 말한다. 세상길에 즐비한 유혹을 즐기면서도 목표를 이룰 수 있다고 말이다. 만약 우리가 그런 가르침에 익숙해지면, 절제해야 한다는 성경의 조언이 고깝게 들릴 수밖에 없다. 언젠가 바울이 유대의 총독이었던 벨릭스에게 절제의 중요성을 이야기하자 그는 바울의 말을 듣기 싫어하며 내쳤는데(사도행전 24:25), 어쩌면 그 모습이 지금 우리의 현주소일지도 모른다.

성경은 절제를 성령의 아홉 가지 열매 중 하나로 꼽으면서(갈라디아서 5:23), 훗날 이웃을 섬기고 봉사하는 삶을 살려는 사람들이 준비해야 할 핵심 가치라고 이야기한다(디모데전서 3:2, 디도서 1:8). 그러므로 공부하면서 절제하는 법을 배우는 것은 하나님의 훈련학교에서 가장 중요한 과목인 셈이다.

공부는 어려운 것 같지만 정작 파고들면 내용 자체는 어렵지 않다. 외울 것이 많아 보여도 조금씩 꾸준히 읽으면서 암기하다 보면 언젠가는 다 외워지기 마련이다. 안 풀릴 것만 같은 수학 문제도 계속 고민하다 보면 언젠간 실마리가 보이거나 결국 나만의 해법을 찾아낼 수 있다. 공부 자체가 어렵다기보다 공부가 아닌 것들을 내 삶에서 제거하는 과정이 힘들 뿐이다.

나의 경우에는 게임을 끊는 것이 가장 힘들었다. 잠시 휴식을 취한다는 이유로, 스트레스를 풀려면 어쩔 수 없다는 핑계로 게임을 하다 보면 예정된 시간을 훌쩍 넘기면서까지 붙들고 있기가 다반사였다.

부작용은 무척 컸다. 게임에 소모된 시간도 아까웠지만 그보다 더 심각한 문제는 자신감 하락이었다. 잠시 스트레스를 풀겠다며 시작한 게임에 하루를 다 써버리고 나면 남은 것은 '역시 난 안 돼!'라는 자괴감뿐이었다. 열정까지 앗아가는 자책감이었다.

공부를 잘하려면 유혹을 이기고 절제하는 법부터 반드시 배워야 했다. 하지만 어떻게 제어할 수 있단 말인가? 나는 성경을 찾아봤다. 성경은 언제나 필요한 정답을 얘기해 준다.

> 지식에 절제를, 절제에 인내를, 인내에 경건을, 경건에 형제 우애를, 형제 우애에 사랑을 공급하라 (베드로후서 1:6~7)

인내 없이는 절제도 없다. 이 단순한 사실을 왜 몰랐을까? 어리석게도 나는 아무것도 잃지 않으며 절제할 방법을 찾고 있었다. 공부가 힘들어지면 금세 힘들지 않은 다른 재미를 찾아 도망가려 했다. 그것이 게임이든, 노는 것이든 상관없었다. 그렇게라도 하지 않으면 현실이 더 고통스럽게 느껴졌다. 고통을 대가로 삼지 않고 스스로 절제하는 건 불가능해 보였다. 나에게 가장 필요했던 건 고통마저 기꺼이 받아들이려는 용기였다.

그렇지만 어떻게 해야 고통을 참아내는 인내력을 기를 수 있을까? 성경이 말하는 해답은 '경건'이다. 영어로는 'Godliness'라고 하는데, 이 말을 사전에서 찾아보면 '하나님의 뜻에 순종함'이라고 풀이되어 있다. 거꾸로 해석하면 하나님의 뜻에 순종하려는 사람은 인내할 줄 알게 되고, 인내할 줄 알면 절제가 가능해지며, 절제가 가능하면 지식을 얻을 수 있다는 의미다. 하나님을 경외하는 것이 지식의 근본이라는 솔로몬의 고백이 생각나는 대목이다.

내 청소년 시절을 떠올렸을 때 스스로 정한 약속이 지켜지는 일은 극히 드물었다. 또다시 게임을 하면 캐릭터를 삭제하겠다든지, 새벽까지도 인터넷을 하면 컴퓨터를 부숴버리겠다든지, 예정된 시간을 넘어서 놀면 그날은 밥을 굶겠다든지… 이런 것들은 다 공수표처럼 사라졌다. 그만큼 보통 이하의 절제력을 가진 나에게 인내는 무척 어려운 일이었다. 그러나 경건을 위한 연습이 곧 절제의 비결임을 깨달은 이후로는 성경을 가까이하고 기도도 더욱 열심히 하기로 결심했다.

매일 아침 일어나자마자 10분 동안 그날 하루를 위해 기도했고, 성경을 10장씩 읽었다. 찬송가를 하루에 하나씩 적어 마음속으로 부르면서 외웠다. 자기 전에도 기도와 성경 읽기를 빠트리지 않았다.

신기한 일이 일어났다. 게임이 점차 시들하게 느껴졌다. 억지로 참는 것이 아니라 그냥 재미가 없어져서 참지 않아도 저절로 끊어졌다. 삶의 가치 없는 일들에 서서히 관심이 줄어들었다. 이건 누구나 경험할 수 있는 무척 신기한 현상이다. 성경의 다른 구절을 보면 이런 일이 일어나는 이유가 나온다.

> 내가 이르노니 너희는 성령을 좇아 행하라 그리하면 육체의 욕심을 이루지 아니하리라 육체의 소욕은 성령을 거스르고 성령의 소욕은 육체를 거스르나니 이 둘이 서로 대적함으로 너희가 원하는 것을 하지 못하게 하려 함이니라 (갈라디아서 5:16~17)

즉 우리가 해서는 안 될 일을 하지 않기 위해서는 그저 꾹 참는 것이 해답이 아니다. 오히려 그것과 반대되는 것을 해야 한다. 그러면 다른 것은 자연히 시들해진다. 성경을 읽고 기도에 힘쓰는 것은 성령을 좇아 행하는 것이며, 경건에 힘쓰는 삶은 원하는 것을 성취하기 위해 인내하는 과정을 좀 더 쉽게 만들어준다.

돌이켜 보면 내가 하나님께서 원하시는 모습대로 살고 있다고 믿는 시간 동안에는, 좋지 않은 습관을 절제하는 것이 어려웠던 적이 단 한 번도 없었다.

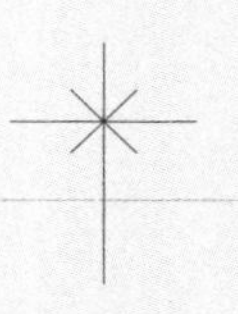

시작한 일은 반드시 끝을 보라.

끝을 보지 않았으면 끈질기게 매달리고,

다른 과정으로 넘어가지 않는 습관을 길러라.

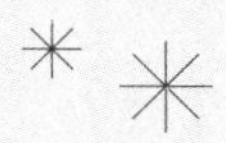

실패를
두려워하지 않아야
부지런할 수 있다

크리스천을 위한 공부 십계명 ⑦

오늘 나는 앞날에 대한 두려움 때문에 게으름으로부터 도망치지는 않았나? 하나님께서 내게 맡긴 것들이 모두 내가 잡을 수 있는 사냥감들이라는 자신감을 가졌는가?

내가 수험 생활을 했을 적에는 자신의 공부 혹은 직업에 대한 인생철학을 다룬 책들이 늘 인기였다. 막노동을 하면서도 서울대 수석을 일궈낸 사람의 이야기라든지, 흙수저 집안에서 태어나 대기업 CEO가 된 사람의 인생철학을 담은 책들이 꽤 인기를 끌었다. 실패를 극복하고 성취에 이르기까지 기울인 노력, 거기에 따른 인내와 고통. 사람들은 그런 류의 책을 읽으며 인생의 과정 중 일부를 간접경험했고 그를 통해 감동과 깨달음을 얻었다.

그러나 요즘은 그때와 분위기가 많이 달라진 것이 느껴진다. 그런 종류의 수기보다 '○○하는 노트 필기법' 같은 처세 책이 더 인기 있는 것 같다. 감동적이긴 하나 두루뭉술한 이야기보다 깨알처럼 구체적인 매뉴얼을 선호하는 세상으로 바뀐 것이다.

왜 이렇게 바뀌었을까? 아마도 우리나라가 실패를 두려워하는 사회로 바뀌었기 때문인 것 같다. 실패가 두려우면 사소한 선택 앞에서도 조언 없이는 나아가지 못한다. 노트를 필기하는 방법도, 꼭 봐야 하는 참고서도, 공부하는 순서와 시기까지 일일이 정해주는 책을 선호하는 것은 내 멋대로 결정했다가 행여나 실패했을 때 감당할 두려움이 너무 크기 때문인지도 모른다.

상담 메일을 받을 때 가슴이 아픈 순간은, "이 책과 저 책 중에서 어떤 책으로 공부해야 할까요?" 혹은 "이렇게 노트를 정리하면 과연 성공할까요?" 같은 질문을 받을 때다. 과거를 돌이켜 봐도 어떤 책이 좋았다거나 노트 필기를 잘해서 성적이 올랐던 경험은 거의 없다. 어떤 방법이 조금 더 효율적일 수는 있지만, 미묘한 차이라서 그게 절대적인 것은 아니다. 그 방법들을 100퍼센트 따른다고 무조건 성공하는 게 아닌 이유는 아마도 남다른 실력을 쌓는 데 방법의 차이보다 마음가짐이 더 중요하기 때문이리라.

남들보다 효율적인 방법을 알면 성취에 이르는 시간을 단축할 수 있지 않을까 하는 기대는 어찌 보면 자연스러운 마음이다. 그러나 그게 지나치면 오히려 두려움에 발목 잡혀 더 나아가지 못하는 경우가 허다하다. 실패가 두려워서 너무 세밀한 부분까지 꼼꼼하게 체크하면 자기가 가진 능력에 자꾸만 제동을 걸게 된다. 위험에 도전할 용기를 선뜻 내지 못할 수도 있다.

세상에서 가장 지혜로운 사람이었던 솔로몬 왕도 그런 사람들을 보면서 답답함을 느꼈던 것 같다. 실력과 성취란 갑자기 하늘에서 뚝 떨어지는 것이 아니라, 마치 수학 함수처럼 일정한 조건을 넣으면 자동으로 나오는 결과물이다. 그리고 그 조건에 필수적인 요소를 솔로몬은 잠언에서 밝히고 있다.

> 게으른 자는 말하기를 사자가 밖에 있은즉 내가 나가면 거리에서 찢기겠다 하느니라 (잠언 22:13)

게으른 사람은 밖에 나가지 않는다니. 왜일까? 컴퓨터와 TV도 없었던 시대였으니 방 안에 있어봤자 재미있을 리가 없다. 그런데도 바깥에 나가지 않는 이유, 밖으로 나가면 위험이 도사린다고 생각해 두려워 떨기 때문이다. 그리고 성경은 이런 사람을 '게으른 사람'이라고 단정한다. 고통과 실패를 두려워하는 게으른 사람에게는 어떤 결과가 기다리고 있을까?

> 게으른 자는 그 잡을 것도 사냥하지 아니하나니 사람의 부귀는 부지런한 것이니라 (잠언 12:27)

게으른 자는 자기가 잡을 수 있는 것도 잡지 못한다고 말한다. 반대로 해석하면, 실패를 두려워하지 않아야 부지런할 수 있으며 부지런해지면 우리에게 허락된 것들을 모두 잡을 수 있다는 말이다. 마음속의 두려움을 극복하는 것은 실력을 갖춘 사람이 되기 위한 첫 번째 단계다.

우리가 성취를 이루지 못하는 이유는 효율적인 방법을 몰라서가 아니다. 어쩌면 우리가 공부하는 겉모습은 기드온의 삼백 용사들과도 닮았다. 그들은 두 손으로 물을 떠서 주위를 두리번거리며 마셨다. 언제든지 전쟁을 준비하는 자세였다. 그러나 우리가 스마트폰을 고이 잡고 주변을 살피며 공부하는 모양새는 다만 두려움 때문이다. 공부하는 동안 닥칠 고통이 두렵고, 계획을 지키지 못했을 때 찾아올 좌절감이 두렵고, 노력해도 결과가 안 좋을까 봐 두렵다. 그래서 눈앞의 책에 온전히 몰입하지 못하고 자꾸만 딴청을 피운다.

하나님의 말씀은 단호하다. "두려워하는 너는 사실 게으른 녀석 이야! 어서 일어나서 집 밖으로 뛰어나가지 못해?" 하고 외치시며 엉덩이를 걷어차신다.

일어나서 뛰자. 사자가 돌아다니고 있는 거리로 뛰쳐나갈 때는 어떻게 해야 할까? 그저 "으아악!" 하고 소리 지르면서 '아무 생각 없이' 뛰쳐나가는 것이 가장 좋다. 생각이 많으면 결국 꼼짝도 안 하게 되니까.

나도 처음에는 두려웠다. 기초조차 없었기에 영어 독해를 제대로 하려면 최소한 1년은 걸릴 줄 알았다. 그러나 매일 30개의 단어와 30개의 지문을 꾸준히 공부하자 석 달 뒤에는 성적이 오르기 시작했다. 수학은 영원히 정복하지 못할 것 같았다. 하지만 매일 안 풀리던 30개의 문제를 수첩에 적어 가지고 다니면서 끊임없이 고민하니 바로 다음 달부터 성적이 오르기 시작했다. 잡을 수 없다고 생각했던 것들이 사실 모두 내가 잡을 수 있는 사냥감들이었다. 나를 죽이기 위해 길거리를 돌아다닌다는 사자 따위는 애초부터 없던 환상이다.

각자의 자리에서 변화를 이끄는 다니엘이 되자

크리스천을 위한 공부 십계명 ⑧

오늘 나는 남들의 시선을 지나치게 의식해서 내가 옳다고 생각한 행동을 하지 못하지 않았나? 평범함에 갇히지 않고 내가 변화를 이끄는 리더가 되겠다는 각오로 살았나?

남들이 따라올 수 없는 실력을 만들려면, 당연한 말이지만 남들이 결코 따라 할 수 없는 노력을 기울여야 한다. 즉 남들이 놀 때도 공부해야 성적이 오른다. 일단 이것까지는 누구나 아는 내용일 것이다.

문제는 그다음이다. 남들이 놀 때, 이를테면 쉬는 시간에 버젓이 공부하면 친구들이 도끼눈을 뜨고 쳐다볼 것이다. 직접적으로 말은 안 하지만 '너만 잘 먹고 잘살려고?' '그래봤자 까짓것 얼마나

갈까?' '공부도 못하는 게 꼭 저렇게 유난 떨더라?' 하는 식의 말이 얼굴에 떠다닐지도 모른다.

나를 제외한 모든 친구들이 마치 등 뒤에서 '망해라, 망해라' 하며 부정적인 주문을 걸고 있는 것만 같다. 이런 상황에서 제대로 집중될 리 없다. 많은 학생들이 쉬는 시간에 눈총을 받으며 공부하느니 차라리 도서관에서 밤늦게 혼자 공부하는 게 편하다고 생각하는 것도 그런 이유 때문이 아닐까?

모든 것을 다 가질 수는 없다. 그것부터 인정하자. 사람들의 질투를 받지 않으면서도 좋은 것을 가질 수 있다고 말하는 사람, 남다른 노력을 하지 않고도 쉽게 실력을 올릴 방법이 있다고 말하는 사람이 있다면 절대 친하게 지내지 말 것. 단물을 뽑아먹으려는 사기꾼이니까.

하긴 평범한 삶이 편하기는 하다. 흐르는 강물에 몸을 맡긴 채 떠내려가듯 적당한 노력으로 위기를 적당히 임기응변하면, 주위의 질투를 받을 일도 없다. 그러나 남다른 실력을 갖춘다는 것은 그런 평범함에서 벗어난다는 의미다. 헤어나기 위해 몸부림치는 순간, 주위의 모든 시선은 당신을 향한다. 눈총과 질투를 전혀 받지 않고 앞서 나갈 방법 따위는 세상에 없다. 결국 선택의 문제다. 따가운 시선을 받더라도 견디고 나아가든가, 아무 관심도 받지 않으면서 평범하게 살아가든가 둘 중 하나다. 다니엘은 전자의 삶을 선택한 사람이었다.

기원전 600여 년 무렵, 당시 이스라엘은 세계에서 가장 강력한 국가였던 바벨론의 지배를 받고 있었다. 다니엘은 이스라엘 사람이지만 학문이 뛰어나고 지혜로워서 바벨론의 왕 다리오의 총애를 한 몸에 받았다.

잘나가는 사람을 깎아내리고 싶은 것은 인간의 비겁한 본성 중 하나임을 앞에서도 밝힌 바 있다. 왕이 다니엘을 나라 전체에서 자기 다음으로 높은 총리 자리에 앉히려고 하자 드디어 다른 신하들의 질투심이 폭발했다. 그들이 다니엘을 견제하려고 사용한 수법은 바로 '평범함에 가둬버리기'였다. 누구든지 한 달 동안 다리오 왕이 아닌 다른 사람이나 신에게 기도하면 그 사람을 사자 굴에 던져넣는 강력한 법을 만들자고 왕에게 건의한 것이다. 제안이 꽤 괜찮다고 여긴 다리오 왕은 자기 자신을 위해 정말 그런 법을 만들어 버렸다.

다니엘은 매일 세 번씩 하나님께 기도를 올리는 습관이 있었다. 그의 기도 습관은 새롭게 제정된 법에 비췄을 때 평범함을 벗어나는 행동이었고, 만약 혼자 튀는 행위를 하면 죽음이라는 강력한 제재가 예고되어 있었다. 선택의 기로에 선 다니엘은 이제 그중 하나를 택해야만 했다. 그리고 그가 내린 결정은 평범함을 벗어나는 쪽이었다. 그 선택에 자신의 목숨을 걸었다.

다니엘이 하나님께 기도드리는 광경을 목격한 신하들은 질투심에 사로잡혀 다니엘을 즉각 고발했다. 왕은 다니엘을 무척 아꼈으나 자신이 만든 법을 지키지 않을 수는 없는 노릇이었다. 어쩔 수 없이 다니엘을 사자 굴 속에 던지라는 명령을 내렸다.

그런데 다음 날, 왕은 깜짝 놀랐다. 하나님께서 다니엘을 밤새도록 지키셨음을 발견한 것이다. 그가 섬기는 하나님이야말로 진정 살아있는 신이며, 다니엘이 내린 결정이 옳은 판단이었음을 깨달았다. 이제 다니엘을 고발했던 신하들이 도리어 사자 굴에 던져지는 신세가 되었다. 다리오 왕은 바벨론의 모든 백성에게 살아 계신 하나님만을 섬기도록 명하는 법을 만들어 공표했다.

우리가 남들과 다른 모습이 되기 위해서 남다른 노력을 하기 시작하면 거기에는 반드시 반작용이 생기기 마련이다. 그것은 질투, 조롱, 방해, 모함 등 여러 가지 모습으로 나타나는데, 그런 일이 일어난다고 해도 이상하게 생각할 것이 전혀 없다. 인간의 본성과 역사는 그것이 매우 자연스러운 현상임을 증명한다. 나에게 좋은 결과가 나타날수록 그들의 질시는 더욱 심해진다.

맞서야 한다. 그 길밖에 없다. 힘들다고, 눈총받는다고 다시 평범함으로 들어가는 것은 하나님께서 우리에게 원하는 자세가 아니다. 그들의 질시는 절대 오래가지 않는다. 남이 잘되는 것을 못 보는 사람은 결국 경쟁에서 먼저 떨어져 나간다. 자기 일이 잘 안 풀리는 것을 남의 탓으로 돌리는 사람은 상대가 해코지하지 않아도 머잖아 저절로 사라지게 된다. 결국 승자는 그들이 요구하는 평범함에 갇히기를 단호히 거부하고, 스스로 옳다고 믿는 행동을 끝까지 유지한 당신이 된다.

자습 시간에 친구들이 주위에서 시끄럽게 떠든다고 해서 불평해봤자 자기만 손해다. 조용히 하라고 말해봤자 싸움만 일어난다. 그저 흔들리지 말고 옳은 모습이라고 생각하는 행동을 단호하게, 그리고 인내를 가지고 꾸준히 실천에 옮겨라. 쉬는 시간에 공부하면 어쩌면 질시를 받겠지만, 언젠가는 새로운 평범함이 될 수도 있다. 먼저 모범을 보이면 그 모습을 따라 하는 사람이 생기기 마련이다. 당신이 그 분위기를 선도하는 리더가 될 수도 있다.

도서관에서 공부하고 있는데, 잠시 놀러 가자는 친구들의 요청을 거부할 수 있겠는가? 할 수 있어야 한다. 너도 어서 우리의 평범한 틀에 들어오라는 유혹에 넘어가면 결국 그들처럼 평범함을 벗어나지 못하게 된다. 서운해하거나 비꼬는 듯한 표정에 겁먹을 필요 없다. 지금은 그러해도 곧 당신을 존경할 것이다. 왜냐하면 자신들이 하지 못한 것을 해낼 테니까. 겁먹지 말고 각자의 자리에서 변화를 이끄는 다니엘이 되자.

> 울며 씨를 뿌리러 나가는 자는 정녕 기쁨으로 그 곡식 단을 가지고 돌아오리로다 (시편 126:6)

고까운 말을 들어야 약점을 고칠 수 있다

크리스천을 위한 공부 십계명 ⑨

오늘 나는 선생님이나 부모님, 친구들의 정직한 조언에 귀를 기울였나?
고집을 부리면서 변화를 거부하지는 않았나?

삼국지에 나오는 제갈공명처럼 유능한 전략가가 성경에도 나올까? 아히도벨이 그런 사람이었다. 선견지명이 어찌나 뛰어난지 성경은 그를 가리켜 '그가 베푸는 모략은 마치 하나님께 물어서 받은 말씀처럼'(사무엘하 16:23) 언제나 틀린 적이 없었다고 표현한다.

아히도벨이 등장하는 시기는 다윗이 오랜 우여곡절 끝에 이스라엘 왕이 되고 나서 또다시 오랜 시간이 지난 후다. 다윗의 아들 중 하나였던 압살롬이 반역을 일으키는데, 원래 다윗의 참모였던 아히도벨이 반역에 가담해 그의 참모가 된다.

반역은 성공하는 것 같았다. 압살롬은 왕궁을 습격했고, 그의 아버지 다윗은 자신을 따르던 사람들과 함께 왕궁에서 도망쳤다. 왕궁에서는 압살롬이 주최하는 전략 회의가 열렸다. '도망친 다윗을 어떻게 추격할 것인가'가 주제였다. 참모 아히도벨은 지금 당장 추격해 다윗만 죽인다면 그를 따르는 백성들이 다시 압살롬 편으로 돌아올 것이라 조언했다.

그러나 압살롬은 아히도벨의 말을 따르지 않았다. 다윗의 존재가 두려웠기 때문이다. 혹시라도 추격전에서 진다면 애써 만들어 놓은 승리의 분위기가 역전될까 무서웠다. 그는 기습을 포기하는 대신, 좀 더 철저히 준비한 후 많은 군사를 이끌고 다윗을 포위하는 게 더 낫다고 판단했다.

압살롬이 자신의 말을 듣지 않자 아히도벨은 이 반역이 결국 실패하리라는 것을 예감했다. 그는 회의를 마친 후 고향으로 내려가서 집을 정리하고 목을 매어 자살한다. 압살롬은 준비를 더 해서 다윗을 치는 것이 낫다고 생각했겠지만, 그것은 다윗 쪽에서 반격할 힘을 기르기에도 충분한 시간이었다. 결국 압살롬은 전쟁에서 패했다.

압살롬은 아히도벨의 조언을 듣지 않아서 죽었다. 아히도벨도 마찬가지였다. 그는 뛰어난 조언자였지만 자기 상황에 대해서는 누구의 조언도 받아들이지 않았다. 압살롬이 어떻게 하면 승리할지에 대해서는 객관적으로 분석할 수 있었지만, 자기가 어떻게 해야 살아남는지에 대해서는 답을 찾지 못했다. 이처럼 주위 사람들의 조언은 때때로 우리의 삶과 죽음을 결정하기도 한다.

우리는 누구나 타인으로부터 인정받고 싶다는 욕구를 품고 있다. 그래서 누군가 "당신은 잘하고 있다"라고 칭찬해 주면 그 욕구는 금세 채워진다. 그리고 만족감은 곧 공부나 일을 향한 열정으로 바뀐다. 그건 누구나 마찬가지여서 나도 누군가가 내가 쓴 책을 보고 재미있었다거나 도움이 되었다고 격려하면 신이 나서 더 열심히 쓰곤 했다. 공부할 때도 '넌 역시 잘하니까.' '너라면 할 수 있을 거야.' 같은 말을 들으면 힘이 나서 더더욱 열심히 했다.

그러나 '칭찬으로 사람을 움직이라'는 원칙은 나 자신이 아닌 '다른 사람'에게 향하는 말이다. '다른 사람의 장점을 찾아서 칭찬하라'는 말과 '다른 사람이 해주는 칭찬을 좋아하라'는 말은 전혀 다른 의미다. 성경은 다른 이의 칭찬을 좋아하라고 말하지 않는다. 오히려 칭찬을 멀리하고 훈계와 꾸지람을 사랑하라고 가르친다. 지혜의 왕 솔로몬은 어떻게 하면 지혜를 얻을 수 있느냐는 질문에 다음과 같이 대답했다.

채찍과 꾸지람이 지혜를 주거늘 (잠언 29:15)

누구나 아히도벨처럼 자기 일은 제대로 보지 못해도 남의 일은 객관적으로 볼 수 있다. 우리가 친구의 답답한 사랑 이야기를 들으면서 "너 바보냐? 왜 그렇게 살아? 그냥 헤어져!"라고 충고할 수 있는 것도 같은 이유다. 어떤 상황에서든 남들 시선은 내가 스스로를 돌아보는 눈보다 훨씬 객관적이고 합리적이다.

실력을 높이려는 사람들은 그만큼 남들의 조언에 귀를 기울일 줄 알아야 한다. 실력이 잘 오르지 않는 것은 단순히 머리가 나빠서가 아니다. 그들의 공통점은 하나같이 고집불통이라는 데 있다. 성공한 사람의 이야기를 들려주며 방법을 조언해 줘도 "글쎄요, 제 생각에 그건 아닌 것 같아요"라고 말하는 사람은 대체로 발전이 없다. 결국은 그냥 자기 생각과 다른 남의 말은 듣기가 싫은 것이다.

나는 공부하는 동안 수시로 주위 사람들에게 내 단점이 무엇인지 묻곤 했다. 원래 사람들은 남의 일에 간섭하는 것을 좋아하니까 나름대로 조언을 아끼지 않는다. "내가 보기에 너는 너무 문제만 푸는 것 같아."라든지, "계획이 특정 과목에 편중된 거 아냐?"라든지, "네 실력에 맞지 않는 교재를 보고 있다고 생각해."라든지 여러 가지 충고들이 날아온다. 이렇게 묻다 보면 공통적인 지적이 발견될 때가 있는데, 그것이 실제로 내 약점일 가능성이 크다. 노력은 이 부분에 집중되어야 한다. 고깝다고 해서 듣기 싫어한다거나, 단점을 고치려는 노력을 게을리해서는 안 된다.

충고는 주위 사람들뿐만 아니라 내가 하고 있는 공부에서 직접 끌어낼 수도 있다. 틀린 문제가 바로 그것이다. "내 생각에는 네가 이런 부분이 부족하다고 생각해."라고 말하는 것과도 같은 부분이다. 그러므로 잘 몰라서 틀린 문제가 있다면 거기에 모든 노력을 기울여 보자.

그러나 많은 사람들이 그렇게 하지 않는다. 자신의 부족함을 거짓 없이 그대로 바라보는 것은 고통스럽기 때문이다. 채점한 후에는 맞고 틀린 개수에만 집착해 일희일비한다. 그러면서 못 맞힌 것은 최대한 간단하게 그 이유만 짚고 넘어간다. 오래 보면 볼수록 자존심이 상하고 기분이 좋지 않기 때문이다.

틀린 문제는 단지 공부하는 것으로는 부족하다. 틀린 문제가 나오면 '좋아해야' 한다. 실력을 높일 수 있는 결정적 조언을 문제가 당신에게 해주고 있는 셈이다. 나는 보기를 읽으면서도 그와 관련된 내용이 자세히 떠오르지 않으면 즉시 참고서를 뒤적였다. 그러다 보면 ①번 보기에서 10분, ②번 보기에서 15분 하는 식으로 시간이 많이 소모되지만, 내 실력을 가장 확실히 올려주는 시간이었기에 절대 아까워하지 않았다. 같은 시간을 공부해도 이렇게 자기 자신에게 부족한 부분을 채워가며 공부하는 사람의 실력은 경쟁자들이 쉽게 따라갈 수 없다.

주위 사람에게 조언을 구하는 것도 좋지만, 역시 가장 좋은 훈계는 '시험'이다. 공부에 뜻을 정한 사람이라면 시험 치는 것도 좋아해야 한다. 성적이 잘 나오는 사람만 시험을 좋아할 수 있는 게 아니다. 40점이 나와도 시험이 좋아야 한다. 시험만큼 나를 정확히 판단하고 아낌없는 조언과 훈계를 전해주는 게 없기 때문이다. 성경에서 훈계를 '들으라' 하지 않고, '좋아하라' 표현한 것에 주목하자. 나는 시험이 끝난 저녁이면 밤새도록 시험지를 다시 풀어보면서 나의 부족함을 파악했다. 그게 하나님께서 나에게 말씀하시는 훈계라고 생각하자, 그 시간은 매우 즐겁고 유익했다.

시험이 끝나면 "드디어 해방이다!"라고 외치며 노는 사람은 자기 '실력'을 높이려고 공부한 게 아니라 단지 '시험'만을 바라보고 공부한 사람이다. 시험이 끝나도 도서관에 가서 해설을 뒤적이는 학생은 지식을 더 얻을 수밖에 없다.

> 훈계받기를 싫어하는 자는 자기의 영혼을 경히 여김이라 견책을 달게 받는 자는 지식을 얻느니라 (잠언 15:32)

쉽게 설명할 수 있다면 확실히 안다는 뜻

크리스천을 위한 공부 십계명 ⑩

오늘 나는 모든 공부를 어린아이에게도 설명할 수 있을 만큼 완전히 내 것으로 소화했나? 깊이 공부하는 것이 힘들어서 대충 보고 넘어가지는 않았나?

열심히 공부했다면 마땅히 실력이 쌓여야 한다. 너무나 당연한 말이다. 하지만 많은 학생들이 자주 놓치는 부분이기도 하다. 자기 실력이 제대로 쌓였는지 끝까지 확인하는 데 그만큼 소홀하기 때문이다. 그래서 열심히 공부해도 정작 좋은 결과가 나오지 않을 수 있다. 노력한 만큼의 성과를 얻으려면 그 노력이 실력 향상이라는 성과를 이뤄냈는지, 공부가 끝날 때마다 점검하는 단계가 필요하다.

이때 문제 풀이를 통해 자기 실력을 평가해 보는 사람들이 많다. 물론 실제 실력이 올랐다면 예전보다 틀린 문제 개수는 줄어들고 맞히는 문제 개수는 늘어나는 게 정상이다. 상승한 점수를 보며 '내가 제대로 공부했구나'라는 위안으로 하루를 마무리하는 것도 심리적으로 좋은 방법이다.

그러나 문제 풀이만으로는 부족하다. 거기에는 두 가지 이유가 있는데 첫 번째로, 문제 풀이에는 실력이 아닌 '요령'이 많은 영향을 미치기 때문이다. 누구나 그런 경험이 있을 것이다. 지문을 제대로 이해하지 못했고 보기에 나온 내용도 정확히 기억나지 않는데, '감'으로 찍었더니 맞혔던 경우 말이다. 실력이 아닌 요령으로 문제를 푼 경우다. 물론 요령이나 감도 시험 성적을 높이는 중요한 요인이지만, 그것은 말 그대로 시험을 칠 때만 중요한 부분이다. 실력을 높여야 하는 평소 공부에서는 요령으로 문제를 풀어 맞히는 공부법은 오히려 멀리해야 한다.

문제 풀이가 실력 향상을 점검할 수 있는 좋은 방법이 아닌 두 번째 이유는, 문제 풀이로는 자기가 방금 공부한 모든 내용을 커버할 수 없기 때문이다. 예를 들어 A부터 Z까지 공부했는데 문제에서는 A, B, C에 대해서만 묻는다. 그중 A와 B에 관해서 묻는 문제는 맞혔고 C에 관한 문제를 틀렸다면 "아! 나에게 부족한 부분이 C뿐이구나."라고 착각하게 된다. 그래서 C에 관해서 보충했는데, 정작 시험에서 그간 풀어보지 않은 D를 묻는다면? 그야말로 뒤통

수를 제대로 맞은 셈이 된다.

문제 풀이가 공부에 도움이 안 된다는 말은 아니다. 오히려 문제 풀이는 실력을 '향상'('점검'이라고 하지 않았다)하는 중요한 수단이다. 즉 우리는 공부하기 '전'에 문제를 훑어보면서 이 단원에서 중요하게 다뤄지는 내용이 무엇인지, 문제가 어떠한 형식으로 나오고 있는지, 고로 앞으로 공부할 때 어디에 초점을 맞춰야 하는지 미리 감을 잡을 수 있다. 또 내용 정리를 끝낸 후에 문제를 풀면서 나에게 부족한 부분을 발견할 수도 있다. 그 부분을 중점적으로 보완하면서 지금까지 틀렸던 문제를 맞히려고 노력하는 것, 그게 문제 풀이의 핵심이다. 다만 문제 풀이를 공부의 '끝'으로 두고, 그 결과만 가지고 자기 실력을 점검하는 건 그만둬야 한다.

그러면 공부의 마지막 단계인 점검은 무엇으로 해야 할까? 바로 '자기만의 언어로 설명하기'다. 그리고 그 대상은 내가 공부하던 내용을 잘 아는 선생님이나 공부를 잘하는 친구가 아니라, 아무것도 모르는 일곱 살짜리 아이라고 가정하는 것이 가장 좋다.

이를테면 건전지의 원리를 공부했다고 하자. 공부를 마치고 나서 책에 적힌 내용 그대로 설명해 보면 어떨까?

"금속은 종류별로 반응성이 다르고, 이온화된 금속 원자와 이온화 과정에서 유리되는 자유전자의 양에 따른 금속 반응성의 차이에 따라 자유전자의 이동이 이루어진다. 그 자유전자의 이동이 바로 전류라는 개념이며, 그러한 반응성의 차이에 따라 전자를 내어놓게 하는 실험계가 바로 건전지다."

어떤가? 어떻게 느껴지는가? 물론 과학 선생님이야 전문가니까 이렇게 설명해도 금방 이해하시겠지만, 건전지에 대해 전혀 공부하지 않은 사람은 도무지 무슨 말인지 와닿지 않는다. 이렇게 설명한다면 스스로도 해당 내용을 제대로 이해하지 못했을 가능성이 크다. 그냥 외운 것이다. 그러면 응용이 잘되지 않고 조금만 문제를 꼬아도 풀지 못한다. 만약 이것을 좀 더 쉽게 설명한다면 어떨까?

"모든 금속 원자는 자신보다 약한 용액을 만나면 '전자'를 토해낸다. 이것을 이온화라고 부른다. 그리고 어떤 금속은 전자를 많이 토해내고, 어떤 금속은 덜 토해낸다. 이런 차이가 미리 정해진 그 금속의 고유 성질이다. 만약 전자를 많이 내어놓는 금속과 덜 내어놓는 금속을 똑같이 수용액 속에 담가놓으면 어떻게 될까? 그러면 물이 위에서 아래로 흐르듯이, 전자가 많은 쪽에서 적은 쪽으로 금속의 전자 흐름이 바뀐다. 이것이 바로 전류다. 그리고 이 모든 장치를 작은 통 속에 옮긴 게 건전지다!"

어떤가! 좀 더 쉽게 들리지 않는가? 그리고 여러분이 보기에도 이렇게 말하는 사람은 제대로 이해하고 있는 듯 느껴질 것이다. 자기화했기 때문이다. 설명 속에 비유를 섞고 더 단순하게 이야기한다면 아마 일곱 살짜리 아이에게도 건전지에 관한 대략적인 설명을 해줄 수 있지 않을까? 만약 그럴 수 있다면 당신은 그 부분을 확실히 공부한 것이고, 이 과정을 테스트하는 게 바로 실력의 '점검'이다.

쉽게 설명할 수 있다면 확실히 안다는 뜻이다. 일정 부분 공부가 끝나면 완벽히 습득할 수 있도록 무조건 입을 열어서 웅얼거려 봐야 한다. 생각만 하면 소용이 없다. 머릿속으로 설명하다 보면 마치 절로 설명이 되는 것같이 느껴지지만, 정작 입으로 내뱉을 때는 버벅대기도 한다. 만약 그렇다면 아직 완전히 공부하지 않았다는 증거다.

어느 정도 공부가 된 다음에는 반드시 스스로 소리 내 설명해 보자. 과학도, 수학도, 영어도, 모든 과목이 마찬가지다. 방법은 다양하다. 친구에게 설명해 볼 수도 있고, 상황이 여의찮다면 쉬는 시간에 혼자 중얼거리며 말할 수도 있다. 사람들이 있는 곳에서 중얼거리는 것이 부끄럽다면 집이나 독서실 등 아무도 나를 주의 깊게 보지 않는 장소를 찾아서 반드시 이 과정을 끝내야 한다. 이것이 100번의 문제 풀이보다 더 확실한 실력 점검 방법이다.

Dream Plan

꿈을 계획하는 다섯 가지 원칙

어떤 공부든지 목적을 가지고 시작하는 게 중요하다. 그 목적을 바로 세우는 구체적인 방법도 필요하다. 그래서 공부나 일을 계획하는 방법, 그 계획을 완성도 있게 실현하는 방법을 제안해 보려 한다. 계획이 바로 서면 적은 노력으로도 쉽게 성과를 이룰 수 있고, 계획이 세워지는 순간, 이미 공부의 절반은 끝난 것과 다름없다. 하지만 사람들 대부분은 비효율적인 계획을 세우는 바람에 스스로 덫에 걸려 오히려 목표에서 멀어지곤 한다. 나에게 잘 맞는 남다른 계획은 어떻게 세워야 할까?

① 공부를 내 앞으로 끌어당긴다

목표 시각화하기

아침 일찍 학교나 도서관에 도착한 직후, 학생들이 가장 처음 하는 일은 무엇일까? 보통 가방 속에 있는 책을 펼쳐놓은 채 '오늘은 뭘 하지?' 고민하는 것부터 시작할 것이다. 세심한 성격이라면 오늘 할 일을 시간 순서대로 나열하면서 계획표를 짤 수도 있다. 그러나 제대로 된 계획표를 만들려면 '오늘 할 공부'보다 '오늘의 목표'가 더 중요하다.

'오늘의 목표'는 '오늘 할 공부'와는 차원이 다르다. 예컨대 근현대사를 공부하면서 '오늘은 일제강점기를 공부해 보자'라고 다짐한다면 그것은 오늘 할 일에 불과하다. 목표는 이 공부를 마쳤을 때 내가 얻을 것을 의미한다. 예를 들면 독립운동단체의 이름과 활동 지역, 당대 활동한 사람들, 시기별로 달라지는 일본의 지배 정책, 당시의 국제 정세 등이 '오늘의 목표'가 되는 셈이다. 계획을 세운다는 건 이처럼 구체적인 목표를 만드는 작업이다.

목표를 만들지 않고 단순히 오늘 할 일만 계획표에 나열하면 공부하면서 방향이 흔들리기 쉽다. 책을 몇 페이지 읽고 문제를 몇 문제 풀고 나면 '공부 다 했다!'라는 느낌은 들겠지만, 정작 머리에 남는 게 별로 없을 수 있다. 공부를 통해 얻고자 하는 목표가 애초에 없었기 때문이다.

즉 계획은 오늘 할 일을 정한 뒤 그 일을 통해서 얻으려는 목표가 무엇인지 머릿속에 명확히 그리는 데에서 끝이 난다. 이것은 상상력이 필요한 과정이기도 하다. '독립운동단체'를 꿰고 있는 내 모습, '일제의 정책'과 '국제관계의 흐름'까지 완벽히 이해한 내 모습을 떠올릴 수 있어야 한다. 그렇게 시각화된 목표는 공부를 내 앞으로 끌어당기는 견인차와 같은 역할을 한다. 남들보다 빠르게 내가 원하는 목표에 다다를 수 있도록 나를 끌어주기 때문이다.

② '무턱대고 공부부터'는 위험한 발상

목표로 이르는 길 만들기

이제 목표가 정해졌다. 독립운동과 일제 정책, 국제 정세를 완벽히 이해하는 것, 이 세 가지다. 이제부터는 이 목표들을 달성하기 위해 '어떤 방법'으로 공부할지를 계획해야 한다. 즉 목표로 이르는 길을 닦는 것이다. 정해진 길 없이 무턱대고 공부하는 것은 매우 위험한 발상이다. 방법을 정하지 않고 공부하면 시간이 지난 뒤 내가 뭘 하고 있는지도 모르게 길을 지나칠 수 있기 때문이다. 길은 생각보다 다양하다. 이런 상황에서 반드시 이래야 한다는 규칙은 딱히 없다. 노트에 표를 만들면서 정리해야겠다고 계획할 수도 있고, 교과서를 반복해서 읽으며 나름 표시를 해도 좋다. 예컨대 인물 이름은 빨간색, 활동 지역은 파란색으로 체크하는 등 특정 부분을 다르게 강조하며 암기하는 것이다. 혼자 공부하는 것이 지겨우면 친구와 서로 퀴즈를 내도 괜찮다. 이 부분은 그때그때 자기가 원하는 방법, 나름의 원칙을 정해 지켜나가면 된다.

③ 질질 끌면 집중력이 떨어진다

마감 시간 정하기

목표와 그 목표에 이르는 길까지 정했다면, 이제 마감 시간을 정해야 한다. 다른 단원이나 다른 과목도 공부해야 하는데, 마감 시간 없이 공부를 질질 끌면 집중력이 떨어져서 진도가 제대로 나가지 않는다.

이 단계에서는 자기 능력을 고려하는 게 계획의 성패를 가르는 필수역량이다. 책 열 쪽을 보려면 한 시간 정도 걸리는 친구가 이것을 30분 만에 끝내겠다고 계획했다면 어떻게 될까? 처음에는 빨리 끝내자는 마음으로 열심히 공부하지만, 마감 시간이 다가올수록 절망감을 느낄 것이다. 예정된 시간을 지키지 못한다면 그때부터는 아예 공부가 싫어질 수 있다.

그럴 바에야 애초에 마감 시간을 여유롭게 정하는 게 낫다. 만약 열 쪽이 공부할 분량이고 내 능력으로는 한 시간이 필요하다면, 처음부터 계획을 한 시간 반으로 넉넉히 잡는 식이다. 그러면 계획이 지켜지지 않을 확률이 낮아지고 공부할 때 꽤 중요한 추진력인 '자신감'이 상할 이유도 없다. 열심히 했는데 시간이 남았다면 그때는 다른 공부를 하거나, 보상으로 휴식을 취해도 좋다.

경험상 가장 좋은 보상은 공부를 더 깊게 하는 것이었다. 어차피 30분 추가시간을 가졌으니 좀 더 들여다보자는 열정으로 같은 내용도 한 번 더 훑고, 다른 책도 이리저리 뒤적이면 실력이 확실히 늘고 있다는 느낌을 만끽할 수 있기 때문이다. 그때부터는 공부가 점점 재미있어지고 성적에도 가속도가 붙는다.

④ 계획은 자주 실패한다

패배에 대비한 시스템 마련하기

계획을 세우고 실천하다 보면 때로는 지켜질 때도 있고, 때로는 지켜지지 않을 때도 있다. 그러나 사람들은 대부분 승리에 대비한 계획만을 세운다. 이 단원을 다 보면 저 단원을 봐야지, 이 책을 다 보고 나서 저 책도 봐야지 하는 식이다. 계획이 지켜지지 않았을 때 어떻게 행동해야 할지를 준비하지 않는 것이다. 물론 그런 일이 일어날 수 있다고 지레 상상하는 건 그리 유쾌한 일이 아니다. 그러나 계획을 세워보고 실천한 적이 있는 사람은 계획은 자주 실패한다는 사실을 누구보다 잘 알고 있다.

그만큼 계획을 세울 때는 승리에 대한 대비, 패배에 대한 대비를 모두 준비하는 게 좋다. 위에서 목표로 잡았던 근현대사 부분 세

가지를 점심시간 전에 모두 달성하기로 했지만, 끝내지 못했다면 어떻게 해야 할까? 이번 달 내로 저학년 수학 교과서를 모두 보기로 했는데, 결국 실천하지 못했다면?

패배감은 잠시 뒤로하기로 하자. 대비책은 각자가 잘 맞는 방식으로 세워둔다. 계획대로 행동하지 못했다면 잠을 줄여서라도 어떻게든 그날 내로 끝내버린다든지, 오늘 못 한 부분을 주말로 옮겨서 마무리 짓는다든지, 아니면 못 본 부분을 말끔히 포기하고 예정된 다음 과목으로 넘어간다든지 여러 방법을 생각할 수 있다. 정답은 딱히 없다. 그간 공부하며 마음에 들었거나 실천해 보니 나에게 잘 맞았던 방법, 그게 정답이다. 실패에 대비한 계획을 미리 세우는 사람은 길게 보면 패배한 게 아니다.

⑤ 공부 분량을 늘리는 건 도박

두 배 - 절반 법칙 지키기

경험자들의 말을 빌리자면, 도박으로 패가망신한 사람들은 패턴이 100퍼센트 일치한다고 한다. 처음에는 재미로 1만 원 정도 판돈을 건다. 때론 이기고, 때론 지기도 하면서 본전보다 더 딸 때도 있고, 약간 잃을 때도 있을 것이다. 여기까지는 그냥 재미있게 도박을 즐기는 수준이다.

동전을 던지다 보면 계속해서 앞면만 나오거나 뒷면만 나올 때가 있는데, 도박도 마찬가지다. 하다 보면 어느새 지기만 할 때가 반드시 찾아온다. 그리고 그 순간, 대개 사람들은 판돈을 올린다고 한다. 그때부터는 1만 원이 아닌 10만 원을 거는 것이다. 이미 날려버린 본전 생각에 한시라도 빨리 그 돈을 되찾고 싶기 때문이다. 문제는 판돈을 올리면 불과 몇 판 만에 마치 짜여진 각본이 있는 것처럼 그 돈까지 모두 털려 빈털터리가 되기 일쑤다. 이것이 도박으로 패가망신하는 일반적인 패턴이다.

신기하게도 공부 계획이 실패할 때도 정확히 이 패턴을 따른다. 자신의 계획이 지켜지지 않으면 사람들 대부분은 마치 판돈 올리듯 계획표상의 공부 분량을 늘린다. 지금까지 지키지 못한 공부 분량을 한꺼번에 찾아오려는 것이다. 그러나 현명한 사람은 감정을 누르고 그들과 반대로 움직인다.

이를테면 오전에 근현대사를 공부하기로 했는데 예정된 목표대로 끝내지 못했다면, 자기가 과도한 목표를 잡았다는 사실을 깨닫는다. 그래서 오전에 털지 못한 부분을 어쩔 수 없이 포기하거나 오후부터 다른 과목을 해야 하니 아예 주말로 미루는 식이다. 대신 내일 오전에 해야 할 목표를 반으로 줄인다.

또 다른 예를 들어보겠다. 내일 오전에 해야 할 부분이 '광복 이후의 역사'고, 거기서는 '정치 상황의 변화' '경제생활의 변화' 두 가지를 이해하는 게 목표였다고 가정해 보겠다. 그러면 공부 분량을 반으로 줄여서 첫 번째 목표인 '정치 상황의 변화'만 이해하기로 한다. 예정된 계획을 무난히 지켜냈다면 내일은 공부 분량을 두 배로 늘려도 좋다. 이것을 나는 '두 배 - 절반 법칙'이라 부릅니다.

comment

⑤에서 말한 것처럼 오늘의 계획을 달성했는지 아닌지를 살피며 내일 공부 분량을 조절하다 보면 자신에게 적절한 지점을 파악할 수 있다. 현재 내가 소화할 수 있는 정확한 능력인 셈이다. 그때부터는 능력치에 따른 계획표를 세울 수 있게 되고, 이 계획이 내 몸에 딱 맞는 옷처럼 최고의 효율을 발휘하게 된다.

비록 아이라도 그 동작으로
자기의 품행이 청결한 여부와
정직한 여부를 나타내느니라
(잠언 20:11)

Part 3

점수가 아닌 영성을 쌓아가는 '공부'라는 길

질문하기

"공부 잘해서 성공하고 싶다면 잘못된 걸까?"

다윗은 양을 치던 평범한 목동이었다. 그러다 전쟁에서 상대편 용사였던 거인 골리앗을 죽인 공로로 사울 왕의 총애를 받게 되었다. 어느 순간 백성들 사이에서도 다윗의 인기가 왕보다 높아졌는데, 그 일로 사울 왕은 질투심에 사로잡혔다. 그는 아무 잘못도 없는 다윗을 죽이려 했고 덕분에 다윗은 광야로 도망치는 신세가 되었다.

긴박한 추격전이 몇 년째 이어지던 어느 날. 다윗과 그를 따르던 사람들이 어느 동굴에 숨어들었다. 그런데 그 동굴 안으로 사울 왕과 그의 군대가 휴식을 취하려고 따라 들어왔다. 다윗과 무리는 동굴 안쪽 깊숙이 있었기에 사울 휘하 군사들은 동굴 속에 누가 있다는 사실을 전혀 눈치채지 못했다.

피곤에 지친 사울의 군대가 긴장을 풀고 모두 잠에 빠지자, 동굴

깊숙이 숨어 있던 다윗의 무리는 쾌재를 외쳤다. 이보다 더 좋은 기회가 있을까? 드디어 원수를 갚을 기회다! 그들은 다윗에게 지금이 바로 사울을 죽일 때라고 조언했다. 하나님이 오랜 원한을 갚고 부당한 대우를 끝낼 절호의 기회를 주신 것이라며 다윗을 설득했다.

그러나 다윗은 그것이 '옳지 않은 일'이라고 생각했다. 비록 적일지라도 사울을 왕으로 세운 분이 하나님이신데, 그를 칼로 치는 것은 곧 하나님에 대한 반역이라고 생각했다. 만약 하나님이 자신을 왕으로 세우려 하신다면 분명 다른 방법을 쓰시리라 믿었다. 다윗의 이런 생각은 군사전략적으로는 매우 어리석은 판단이었지만, 하나님 앞에서는 올바른 가치관이었다.

다윗은 숨을 죽이고 잠든 사울에게 가만히 다가가 그의 옷자락만을 베어냈다. 그리고 멀리 떨어진 뒤 사울을 향해 외쳤다. 옷자락을 잘라낼 만큼 가까이에 있었지만, 과거에도 지금도 자신은 왕을 해칠 의도가 전혀 없다고, 앞으로도 그럴 것이라고, 옷자락을 흔들며 진심을 고했다.

다윗의 태도는 놀라운 변화를 끌어냈다. 다윗의 진심을 알게 된 사울 왕은 이후 더는 다윗을 추격하지 않았다. 몇 년 뒤 사울 왕이 전쟁에서 죽게 되자, 그때 다윗은 평화롭게 모든 백성의 존경과 사랑을 받으며 자연스럽게 왕이 되었다. 그동안 다윗을 따르며 그의 훌륭한 인품을 지켜본 부하들은 목숨을 걸고 끝까지 충성을 맹세했다.

다윗이 변화를 이끌 수 있었던 비결은 무엇일까? 그에게는 사울을 죽일 기회와 힘이 충분했다. 그러나 행동하지 않았다. 다윗에게는 하나님 앞에서 무엇이 옳고 그른지를 판단할 수 있는 능력, 즉 '영성'이 있었기 때문이다. 이처럼 좋은 변화란 실력에 영성이 더해질 때 일어난다.

그런데 영성을 갖춘 크리스천의 삶은 세속적인 삶을 사는 사람들의 가치관과 종종 부딪친다. 군사전략적으로는 옳아 보이는 일이 영성의 눈으로 보면 틀린 전략일 때가 있기 때문이다. 반대로 세상 사람들 눈에는 어리석어 보이는 선택이 하나님의 눈으로 보면 가장 지혜로운 결단일 수도 있다. 그것이 영성을 따라 사는 사람들의 결정에서 보이는 특징이다.

다시 처음으로 가보자. 우리가 공부하는 이유는 무엇인가? 만약 그 이유가 단지 남들보다 앞서기 위해서라면, 그래서 좀 더 편한 삶을 영위하기 위해서라면 이는 아무런 가치 없는 공부일 것이다. 하나님을 믿지 않아도, 그분을 의지하지 않아도 공부는 너끈히 할 수 있다. 그러나 그런 삶이 누구에게 도움이 될까? 무의미한 삶일 뿐이다.

이스라엘 여성인 에스더는 누구보다 아름답고 총명한 여자였다. 하나님께서는 그녀를 우여곡절 끝에 당시 세계를 지배하던 페르시아의 왕비로 만드셨다. 이와 유사한 일이 우리에게도 일어날 수 있다. 지금 하는 공부라는 과정에 하나님이 축복을 내리시면 생각지도 못한 아름다운 결과로 이어지기도 한다. 하지만 우리는 '이유'를 알아야 한다. 우리가 공부를 잘하게 된다는 그 결과를 허락하셨다면, 하나님의 진짜 의도는 무엇일까?

성경을 보면 당시 페르시아 재상이었던 하만이라는 사람 때문에 유대인은 멸망할 위치에 처했다. 에스더의 양아버지인 모르드개는 왕비가 된 에스더에게 이렇게 이야기했다.

> 이때에 네가 만일 잠잠하여 말이 없으면 유다인은 다른 데로 말미암아 놓임과 구원을 얻으려니와 너와 네 아비 집은 멸망하리라 네가 왕후의 위를 얻은 것이 이때를 위함이 아닌지 누가 아느냐
>
> (에스더 4:14)

하나님께서 에스더에게 왕비라는 위치를 허락하신 것은 그녀를 특별히 예뻐해서 편히 살라고 하신 게 아니었다. 그녀를 통해 이스라엘 전체를 구원하시기 위해서였다. 왕비라는 위치가 그녀의 아름다움과 총명으로 얻은 결과였다 해도, 그 이면에는 하나님만의

이유가 있는 셈이다. 그리고 하나님의 이유를 완성하려면 죽음을 각오할 만큼의 용기가 필요하다. 다행히 에스더는 그것을 발휘할 만한 영성을 갖추고 있었다.

> 당신은 가서 수산에 있는 유다인을 다 모으고 나를 위하여 금식하되 밤낮 삼 일을 먹지도 말고 마시지도 마소서 나도 나의 시녀와 더불어 이렇게 금식한 후에 규례를 어기고 왕에게 나아가리니 죽으면 죽으리이다 (에스더 4:16)

지금껏 이 책에서 이야기한 방법대로 매일 성실하게 살면, 결국 공부는 누구라도 잘하게 된다. 문제는 그다음이다. 공부를 잘하게 되어 남들보다 높은 위치, 또는 남들이 쉽게 얻지 못하는 기회를 잡을 우리는 지금 무엇에 힘써야 할까? 바로 어떠한 영성으로 하나님의 뜻을 이룰 수 있을까 하는 점을 고민해야 한다. 에스더의 영성은 왕비가 되기 전부터 일찌감치 준비되어 있었다. 그 영성을 보고 하나님께서 뜻을 이루시고자 왕비라는 위치를 허락하신 것이다.

마찬가지로 우리가 하나님의 뜻을 이루는 데 삶을 헌신하고자 한다면, 매일 성실히 공부하는 것만으로는 부족하다. 그보다 더 중요한 것은 하나님께서 원하시는 신앙인의 모습을 갖추는 것이다.

그래야 우리에게 훗날 기회가 주어졌을 때 하나님께서 원하는 방향으로 행동할 수 있기 때문이다. 그리고 그 준비를 해야 할 시점은 나중이 아니라 지금이다.

건강한 크리스천이라면 누구나 공감하듯, 우리가 공부하는 이유는 삶으로 예배를 드리기 위해서다. 그렇다면 그 출발은 공부 계획표를 짜는 것이 아니라 제대로 된 영성을 갖추는 것이어야 한다. 만약 영성이 제대로 섰다면 하나님께서는 우리가 하는 공부의 과정에서 지혜를 주시고, 결과에 대해서도 반드시 책임지실 것이다.

‘지금 말고 나중에요’라고 말하는 크리스천에게

크리스천 학생들이나 청년들의 꿈과 비전을 듣다 보면 종종 등장하는 레퍼토리가 있다. ‘선교지원센터’를 건립하거나 ‘복지사업’을 하겠다는 것이다. 선교지원센터를 세운다는 것은 선교사가 된다는 말과는 다르다. 선교사는 직접 가서 두 발로 뛰는 사람인데, 선교지원센터를 만드는 사람은 그들에게 ‘돈’을 보내는 사람, 즉 후원자다. 또 복지사업을 하겠다는 말은 치매에 걸린 할머니의 등을 씻기겠다는 말이 아니라, 그런 일을 하는 자원봉사자들에게 돈과 인프라를 지원하겠다는 말이다. 결국 비슷비슷한 꿈이다.

오해하지 말기를 바란다. 이러한 비전이 나쁘다고 이야기하려는 게 아니다. 사실은 매우 훌륭한 비전이다. 나는 이런 꿈을 꾸는 크리스천들이 더욱 많아졌으면 한다. 선교지원금을 보내면 직접 가서 뛰는 것보다 더 큰 열매를 얻을 수도 있고, 천국에서 받는 상급도 적지 않을 것이다.

다만 이야기하고 싶은 부분은, 자기 비전을 이룰 수 있는지 아닌지의 여부는 지금 당장에라도 알 수 있다는 것이다. 미래를 알 수 있다니 놀라운가? 그건 내가 점쟁이적 재능이 있어서가 아니라 성경의 원칙 때문이다.

하나님의 관점에서는 100원이나 100억 원이나 다를 바 없다. 지구라는 행성은 우주에서 먼지보다 작은 점인데, 그깟 지폐 몇 장이 많든 적든 하나님 앞에서 무슨 의미가 있겠는가? 선교사들에게 돈이 필요하다면 하늘에서 비처럼 떨어지게 해서라도 줄 수 있는 분이 우리가 믿는 하나님이다. 그런 능력 있는 하나님께서 자기 종들을 돕겠다고 부자들의 도움을 필요로 하실까?

기드온의 이야기를 기억해 보자. 미디안을 치기 위해 모인 3만 2000명의 군사들을 하나님께서는 오히려 탐탁지 않게 생각하셨다. 그들 중 99퍼센트를 집으로 돌려보내고 나머지 300명으로만 전쟁을 치르라고 말씀하셨다. 혹시라도 이스라엘 백성들이 자기들 힘으로 전쟁에서 이겼다고 착각할까 봐 그렇게 하셨다.

하나님의 전쟁에는 재물의 크기나 모인 사람의 숫자 따위는 아무런 의미가 없다. 거인 골리앗을 쓰러뜨리기 위해 하나님께서 사용하신 것은 코흘리개 소년의 돌멩이 하나였다. 예수님께서 당신을 따르는 5000명의 사람들을 먹이기 위해 사용하신 것은 물고기

두 개와 보리떡 다섯 개였다. 삼손이 전쟁에서 휘두른 것은 청룡 언월도가 아니라 나귀의 뼈조각이었고, 도르가가 성도들을 섬기기 위해 사용한 것은 바늘 하나였으며, 삼갈이 적들을 물리치는 데 사용한 것은 한낱 소를 모는 막대기였다. 이 사람들은 재물이 많지도 않았고, 머리가 좋거나 힘이 뛰어나지도 않았다. 딱 한 가지만 가지고 있었을 뿐이다. 그들에게는 자신이 가진 게 아무리 작아도 그걸 하나님께 드리고픈 마음이 있었다.

어느 날, 예수님이 성전에 가만히 앉아 계셨다. 사람들은 예수님께서 휴식이라도 취하시나 생각했지만, 사실은 헌금함 속에 돈을 넣는 사람들을 유심히 지켜보고 계셨다. 작은 동전을 넣는 꼬마 아이, 지폐 뭉치를 넣는 배 나온 아저씨. 많은 사람이 그곳을 다녀갔다. 그러다 문득 예수님께서 깜짝 놀라 입을 열어 외치셨다.

"얘들아, 저 사람을 봐라!"

제자들이 예수님의 손가락이 향하고 있는 곳을 바라보니 어떤 아주머니가 헌금함에 천 원(두 렙돈의 현재 가치)을 넣고 있었다. 요즘 같으면 교회에서 천 원짜리를 내는 아주머니를 보며, '저런 짠순이를 봤나!'라고 생각할지도 모르겠다. 그러나 예수님이 가리킨 아주머니는 그 천 원이 가진 돈 전부였다. 예수님이 볼 때 그 아주머니는 단지 '천 원'을 낸 게 아니라 전 재산을 드린 것이었고,

그것이 예수님께 감동을 줬다.

사도행전을 보면 이와 반대되는 경우도 나온다. 아나니아와 삽비라 부부 이야기다. 이들은 재산을 모두 팔아서 사도들의 발 앞에 가져다 놨다. 그 아름다운 광경을 본 사람들은 눈물을 펑펑 흘리며 감동했지만, 사실은 명예를 얻으려는 거짓 행동이었다.

전 재산을 하나님의 사업을 위해 바쳤다는 명예를 얻고 싶었지만, 그렇다고 정말로 그렇게 하기에는 돈이 너무 아까웠다. 그래서 그들은 돈 일부를 숨기고 이것이 전부라며 사도들에게 바쳤다. 하나님께서는 이들을 악하게 보시고 죽이셨다. 전부를 드리지 않는 행동이 아니라, 하나님과 사람들 그리고 자기 자신을 속인 그 '동기'를 악하게 보신 것이다.

그렇다. 문제는 동기다. 우리 비전의 동기는 무엇인가? 돈을 많이 벌려는 동기가 자기 자신을 위한 것이라면, 그것은 하나님 앞에서 의미 없는 비전이다. 높은 지위에 올라야 사람들을 도울 수 있다고 이야기하는 것은 성경의 가르침이 아니다. '네가 경제적으로 성공하면 하나님의 일을 더 잘할 수 있다'라고 우리 귀에 속삭이는 것은 성령님이 아니라 사탄일 수 있다.

나는 자기 용돈 5만 원 중에서 5000원을 십일조로 내는 것도 아까워하는 크리스천 청소년이, 훗날 500억이 생겼다고 50억을 선뜻 기부하는 사람이 되리라고 생각하지 않는다. 우리가 가진 재물의 양은 항상 변하지만, 그 사람의 마음속 동기와 하나님을 향한 자세는 쉽게 변하지 않기 때문이다. 동기가 선하고 충성스러운 자에게는 하나님께서 필요한 재물을 주실 것이다. 그는 그 재물을 자기 일이 아닌 하나님의 일을 위해서 쓸 테니 말이다.

그러므로 선교센터를 세우고 복지사업을 하겠다는 비전이 이루어질지 말지는, 그 사람이 현재 자기가 가진 재물을 어떻게 쓰고 있는지를 보면 쉽게 판가름 난다.

축복만을 바란다면 다시 생각해

하나님의 사역에서 첫 번째로 이루어지는 일은 '비전'을 보여주시는 것이다. 어찌 보면 당연한 일이다. 우리가 골인 지점을 볼 수 없다면, 어떻게 시간과 노력을 계속 투자할 수 있겠는가? 하나님도 그 점을 분명히 아시기에 우리에게 가장 먼저 비전을 찾아 보여주신다.

야곱의 열두 아들 중 열한 번째는 요셉이었다. 요셉에게는 형제들과 다른 점이 있었다. 바로 꿈이 있다는 사실이었다. 그리고 그 꿈은 자신의 야망이 아니라 하나님께서 주신 비전이었다. 형제들이 쌓은 볏짚단이 자신의 볏짚단에게 절하는 꿈, 해와 달과 별이 모두 자기에게 절하는 꿈. 그것은 분명 요셉이 앞으로 많은 사람들에게 영향을 미치고 중요한 변화를 이끌 사람이 되리라는 비전이었다.

그런데 비전은 언제나 구체적이지 않다. 어린 요셉은 훗날 '이집트의 총리'라는 자신의 위치를 전혀 예측하지 못했다. 그저 여러 가지로 해석될 수 있는 두루뭉술한 꿈만 받았을 뿐이었다. 하나님께서 '불확실한' 비전을 주시는 것은, 그 불확실한 비전을 구체화할 책임이 우리에게 있기 때문이다.

우리의 신앙은 비전을 구체화하면서 성장한다. 아마도 요셉은 해와 달과 별이 자신에게 절하는 꿈을 묵상하면서, 그것이 어떤 삶을 의미하는지 항상 생각했을 것이다. 그리고 자신의 비전에 맞는 행동이 어떤 것인지 고민했고 그대로 실천했다. 즉 하나님께서 주신 불확실한 비전이 요셉의 성장을 안내한 것이다. 이처럼 비전은 점쟁이처럼 우리에게 미래를 알려주는 것이 아니라, 우리의 성장을 돕고 노력의 방향을 잡아주는 존재다.

성경 속 요셉이 '지도자'라는 비전을 받았다고 해서 '하나님이 우리에게도 높은 지위를 약속하시겠구나'라고 생각해서는 안 된다. 이런 오해를 하는 사람이 의외로 많다. 요셉이 이집트의 총리가 되고 다윗이 왕이 된 것은, 그들이 그 자리에 올라가는 것이 '하나님의 목적'을 이루는 데 꼭 필요했기 때문이다. 우리는 그들이 한 번도 그런 지위를 달라고 기도한 적이 없다는 사실에 주목해야 한다. 그들은 단지 자기 삶이 하나님의 목적을 이루는 데 쓰이기를 바랐다. 그게 어떤 삶이든 순종하겠다는 각오뿐이었다.

본받을 게 있다면 그들의 세속적인 위치가 아니라 그들이 하나님 앞에서 보였던 자세다. 오늘날을 살고 있는 크리스천에게 하나님께서는 어떤 목적을 가지고 계실까? 건강한 크리스천이라면 그 부분을 바로 자기 비전으로 삼아야 한다.

나는 크리스천이 되고 나서 꽤 단순하고 유치한 기도를 자주 올리곤 했다. 하나님의 비전과 점쟁이의 예언을 동급으로 취급했던 나는 종종 "비전을 보여주세요"라고 기도했는데, 그 기도의 의미는 사실 "내 미래를 알려주세요"라는 것과 다르지 않았다. 그리고 미래를 알려달라는 기도는 "더 이상 불안하기 싫소"라는 내적 동기에서 시작되었다. 미래가 정해져 있다면 불안할 필요도, 노력할 필요도 없을 것 아닌가? 그러나 그런 기도에 하나님께서는 대답하지 않으셨다.

성경의 원리를 배워가면서부터는 미래를 알려달라는 기도가 아니라, 내가 지금 어떤 노력을 해야 하는지 알려달라는 기도를 더 자주 했다. 하나님께서는 내가 어떤 사람이 되기를 바라실 것이고 내가 '지금' 해야 할 일이 무엇인지도 아실 것이다. 그리고 내가 그것을 깨닫기를 누구보다 원하고 계실 것이다. 그렇다면 나는 그것을 구해야겠다고 결심했다. 하나님께서도 이런 기도를 기다리셨던 것일까? 즉시 성경을 통해 응답해 주셨다.

죄가 있어 매를 맞고 참으면 무슨 칭찬이 있으리요 그러나 오직

> 선을 행함으로 고난을 받고 참으면 이는 하나님 앞에 아름다우니라 이를 위하여 너희가 부르심을 입었으니 그리스도도 너희를 위하여 고난을 받으사 너희에게 본을 끼쳐 그 자취를 따라오게 하려 하셨느니라 (베드로전서 2:20~21)

처음에 이 구절을 본 나는 무척 당황스러웠다. 하나님께서 나에게 주신 비전은, 요셉이나 다니엘처럼 총리가 되거나 다윗처럼 왕이 되는 것이 아니었다. 부르심의 이유는 고난을 받고 참으면서 '예수 그리스도처럼' 사는 것이라고 말씀하셨다! 하나같이 안 좋아 보이는 것들뿐이다! 박지원의 『양반전』이라는 소설을 보면 "정말로 양반이 되는 것이 이런 것이라면 나는 양반이 되지 않겠소!"라는 절규가 나오는데, 성경에서 이 구절을 발견한 내 심정이 딱 그랬다. "크리스천이 되면 복을 받을 줄 알았는데 고난 운운하다니, 이건 약속이 다르지 않소?"

물론 고난을 받는다는 게 거지처럼 산다는 말은 아니다. 하나님께서는 우리 삶에 필요한 현실적인 문제는 당신이 책임지겠다고 약속(누가복음 12:29~31)하셨기 때문이다. 수많은 사람들이 그 약속이 자기 삶에서 이루어졌음을 증언하고 있고, 나 역시도 하나님께서 이루신 부분을 많이 체험했다. 다만 성경은 경고(?)한다. 예수님을 닮아가는 삶이 세상에서 부귀영화를 보장하지는 않으며, 오히려 고통이 따라올 수 있다는 사실을 말이다.

건강한 기독교 교리에 의하면 이것은 천국에 대한 대가가 아니다. 예수님을 영접한 사람은 '값없이' 천국에 간다는 게 성경의 약속(에베소서 2:8, 디도서 3:5)이었다. 이는 예수님께서 2000년 전에 우리 죄의 대가를 이미 지불하셨기에 가능했다. 예수님의 성품을 닮아가고 선을 행하면서 고난을 받는 삶은 천국에 가기 위한 것이 아니라 예수님께서 우리에게 바라는 비전을 이루는 길에 필연적으로 수반되는 태도, 즉 세상을 향한 크리스천의 저항일 뿐이다.

세월이 흐른 지금 이 구절은 내가 가장 좋아하는 말씀이 됐다. 성경은 달콤한 말로 유혹하지 않는다. 오히려 솔직하고, 직설적이며, 근원적인 질문을 던진다. 자신을 따라오면 고난을 겪을 것이고, 세상은 선을 행하는 사람을 핍박하는 곳이며, 충성하면 할수록 더 표적이 될 것이라 말한다. 그런데도 따라오겠느냐고 묻는 것이다. 그 질문에 "네"라고 대답하고 순종한 사람을 우리는 '제자'라고 부른다. 바로 이 점이, 세속적인 축복만을 강조하는 다른 종교들과 기독교 신앙의 근본적인 차이다.

우리가 세상에서 당하는 고통의 대가는 훗날 '천국'에서 받을 것이다. 그때 우리는 하나님의 영광에 참여할 것이고, 천국에서 영원히 없어지지 않을 놀라운 상을 받게 될 것이다. 그러나 이것은 "산 속의 큰 새보다 손안의 작은 새를 취하라"고 말하는 세상의 상식에 어긋나는 일이다.

세상이 볼 때는 어리석지만 하나님의 시선에서는 가장 지혜로운 선택, 믿음 없이는 받아들일 수 없는 제자의 삶. 여러분의 선택은 무엇인가? 지금 우리 마음속을 들여다보자. 앞날을 향한 야망이 숨어 있는가, 아니면 제자의 삶을 바라는 비전이 담겨져 있는가?

도무지 공부할 이유를 찾지 못했을 때

"아, 진짜! 요즘 중학생들은 도대체가 개념(?)이 없어서, 선생님들이 머리 뚜껑을 열어서 직접 개념을 넣어줘야 해요!"

어느 학교 선생님의 푸념을 들으면서 나는 가슴이 철렁 내려앉았다. 혹시 이분, 내 과거를 알고 있는 건가?

나는 중학교를 졸업하고서도, 심지어 고등학교 1학년이 끝날 때까지도 소위 개념이 없었다. 성적은 바닥을 기었고 나의 관심은 오로지 만화와 농구 그리고 사고 치는 것뿐이었다. 농구공을 멋대로 튕기다가 학교 유리창을 깨뜨려 먹은 일은 말하기도 입 아프고, 복도에 놓인 소화기를 장난삼아 교실 이곳저곳에 뿌려대기도 했다. 싸우기도 참 많이 싸웠다. 싸움 구경하러 아이들이 내 주위로 모여들면 그 관심을 은근히 즐기면서 일부러 더 거친 말을 상대에게 내뱉기도 했다.

지금 생각해 보면 그때 나는 분노로 차 있었던 것 같다. 마음 같지 않던 주위 상황들이 나를 그렇게 몰고 갔다고 말하면 핑계일까? 공부란 잘하는 놈들만 잘하는 것이고, 잘생긴 것도 그렇게 태어난 놈들만 그런 것. 아무것도 잘난 게 없던 나는 하루하루를 막 사는 것 이외에는 다른 방법이 없었다.

그러나 그런 나에게도 자존심은 있었다. 성적이 하위권이기는 하지만 '최하위권'은 아니라는 사실이 그나마 위안이었다. 최하위권이었던 아이들은 정말로 막 나갔다. 소위 일진이라고 불리는 그들에게는 합법과 불법의 경계조차 없었다. 그 무리에 들어가지 않겠다는 게 마지막 내 자존심이기도 했다.

고1 마지막 기말고사가 끝난 후, 선생님은 시험에서 틀린 개수만큼 아이들을 때리셨다. 그런데 그 자리에서 제일 많이 맞은 사람은 그 최하위권 애들이 아니라 나였다. 아픈 엉덩이에 손을 얹고 자리로 돌아오면서 나는 그들의 눈빛을 보았다. 비웃음이 섞인 그 표정은 분명 '저 찌질이는 할 줄 아는 게 아무것도 없냐?'라고 말하는 듯했다.

비웃음. 절망. 외로움. 나락으로 떨어지는 느낌. 부정적인 감정들이 모두 몰려왔다. 만약 하나님께서 살아 계신다면 지금이 나를 구원하셔야 할 때라고 생각했다. 그저 아무 생각 없이 교회만 오가던 나일론 신자였지만, 그때 나는 처음으로 간절히 기도드렸다.

'하나님, 살아 계세요? 만약 제 기도를 듣고 계신다면 저에게 공부를 잘해야 할 이유를 분명히 알려주세요. 그리고 제가 누구보다 열심히 공부할 수 있도록 도와주세요.'

하지만 공부의 이유를 알려달라는 첫 번째 기도는 곧바로 이루어지지 않았다. 그 후로도 오랫동안 내가 왜 공부를 해야 하는지 알 수가 없었다. 물론 공부 잘하면 좋은 대학에 갈 수 있고, 그러면 좋은 직장도 잡을 수 있겠지. 남을 도울 기회도 많아질 테고. 그러나 그것이 구체적으로 어떤 모습일지 그때의 나로서는 알 수가 없었다.

그래도 누구보다 열심히 하게 해달라는 두 번째 기도는 들어주셨다. 성적이 낮은 게 패배가 아니라, 최선을 다해본 적이 없다는 사실이 가장 뼈아픈 패배일 수 있다는 두려움도 주셨다. 깨어 있는 시간에는 공부에만 집중할 수 있도록 열정도 부으셨다. 확실한 것은 그때 그렇게 열심히 공부하지 않았더라면, 지금처럼 누군가를 위해 책을 쓰는 현재도 없었으리라는 사실이다. 이 교훈은 여전히 내 삶에 영향을 미치고 있다.

'지금은 이유를 모르더라도 일단 할 수 있는 최선을 다하자!'

그때로부터 시간이 많이 흐른 지금, 나는 법조인이 되어 사람들을 돕고 있다. 그런데 지금 이런 나의 모습이 미래의 나를 어떻게 이끌지는 전혀 알 수 없다. 그래도 나는 오늘 내게 주어진 일에 최선을 다하려고 한다. 그래야만 언젠가 나에게 올지 모를 어떤 소중한 기회를 잡을 수 있음을 알기 때문이다.

강연을 다니다 보면 학생들로부터 "왜 공부해야 하는지 모르겠어요."라는 하소연을 종종 듣는다. 그러나 나는 꼭 이유가 있어야 공부를 잘하는 건 아니라고 생각한다. 하나님께서는 때때로 그런 안갯속 같은 상황에 우리를 두신다.

다윗은 소년 시절에 천한 목동이었다. 양을 치는 일이 맡겨졌지만, 다윗도 왜 자기가 그 일을 해야 하는지 몰랐을 것이다. 그러나 다윗이 다른 목동과 달랐던 점은 이유를 모름에도 불구하고 최선을 다했다는 사실이다.

사자가 나타나서 양을 물어갔다. 여느 목동이었다면 당연히 도망갔을 것이다. 그 상황에서는 사람 목숨이 중요하지, 양이 중요하지는 않으니까. 다윗은 달랐다. 돌멩이를 들고 끝까지 따라갔다. 다윗이 돌팔매질로 사자를 때려죽인 것은 우연이 아니었다. 분명 다윗은 틈나는 대로 손에 피가 맺히도록 연습했을 것이다. 바보가 아니라면 절대 자기가 사자를 죽일 수 있을 거라는 확신도 없이 맞서지 않을 테니까.

때로는 다윗도 '내가 이렇게까지 해야 하나?'라고 생각했을 것이다. '이렇게까지 하는 게 과연 내 미래에 어떤 의미가 있을까?' '장차 이스라엘 최고의 목동이 되려나?' 여러 생각이 들었겠지만, 다윗은 모든 잡생각을 지우고 시간이 날 때마다 무조건 돌팔매질을 연습했을 것이다. 이유는 단순하다. 그게 자신에게 맡겨진 일이었고, 그 일에서 최고의 실력을 쌓는 것이 유일한 목표였기 때문이다. 다윗이 훗날 전쟁에서 골리앗의 이마를 정확히 돌팔매로 맞춰 죽인 것은 우연이 아닌 셈이다.

그러니 왜 공부해야 하는지 이유를 모르겠다고 불평할 필요는 없을 것 같다. 물론 열심히 해야 할 분명한 이유를 찾으면 더할 나위 없이 좋겠지만 지금은 몰라도 크게 상관없다. 자기가 갈 곳이 어딘지 알지도 못하면서 "가라"는 명령에 순종해서 길을 떠났던 아브라함처럼, 그 믿음을 지금 하나님께서 우리에게 요구하신다. 그런 믿음을 가진 이 땅의 또 다른 다윗들에게 하나님은 반드시 능력과 지혜를 부어주실 것이며, 때가 되면 높이 들려 귀하게 쓰임받는 삶을 반드시 열어주실 것이다.

만약 영성이 제대로 섰다면

하나님께서는 우리가 하는

공부의 과정에서 지혜를 주시고,

결과에 대해서도 반드시 책임지실 것이다.

예배는 공부를 잘하려고 드리는 게 아니야

사울은 이스라엘에서 처음으로 왕이 된 인물이다. 그는 능력이 뛰어난 자였다. 그가 백성을 이끌고 전쟁에 나가면 백전백승이었다. 게다가 (처음에는) 겸손한 사람이었다. 자신이 이스라엘에서 가장 작고 미약한 존재임을 그는 잊지 않았다. 선지자 사무엘이 "여호와가 택하신 이자와 같은 자가 이스라엘 중에 없다"며 사울을 칭찬한 적도 있다.

그랬던 사울이 언젠가부터 조금씩 변하기 시작했다. 블레셋과의 싸움에서 제사장이었던 사무엘이 아직 도착하지 않았는데도 임의로 제사를 지내버렸다. 아말렉과의 싸움에서는 하나님의 명령을 어기고 제사에 쓰겠다는 이유로 짐승들을 죽이지 않고 남겨두었다. 그때부터 그의 인생은 급격한 내리막길을 걷게 된다.

사울의 타락은 예배의 실패 때문이었다. 그는 두 가지 이유로 올바른 예배를 드리는 데 실패했다. 첫째로 예배보다 자신의 일(전쟁)을 더 중요시했다. 블레셋과의 싸움에서 그가 사무엘 없이 혼자 제사를 드린 것은 동요하는 백성을 단합시키기 위해서였다. 군사전략적으로 보면 이는 매우 합리적이고 옳은 선택이다. 그러나 하나님의 관점에서 사울의 선택은 실패였다.

아말렉과의 싸움에서도 마찬가지였다. 그가 짐승들을 남겨둔 것은 "하나님의 말씀은 그렇지만, 내 생각에는 이렇게 하는 것이 더 효율적인 것 같은데"라는 식의 고집이었다. 짐승을 모두 죽이는 것보다 나중에 예배에서 쓴다든지, 다른 일에 쓰는 것이 더 효율적이라고 생각했다. 그러나 이것은 명백한 불순종이다.

사울이 실패한 두 번째 이유는 '사람들에 대한 두려움'이었다. 사울은 군중들이 무서웠다. 부하들도 조언했다. "어서 제사를 지내지 않으면 전쟁하려고 모인 사람들이 두려움 때문에 다 떠날 겁니다. 그러니 사무엘이 없더라도 우리끼리 어서 제사부터 드립시다!"라고 하자, 사울은 홀랑 넘어갔다. 그는 보이지 않는 하나님보다 눈에 보이는 사람들을 더 두려워했다(사무엘상 15:24).

사울의 실패는 오늘날 우리에게 큰 교훈을 준다. 우리가 실력을 갖추면 영향력을 끼치는 자리에 오를 수도 있다. 그러나 영성이 뒷받침되지 않으면 그 위치가 오히려 우리에게 독이 되거나, 그 위치에서 끌어내려질 수도 있다. 실력의 목적은 오로지 예배가 되어야 한다. 그럴 때 우리는 주어진 위치를 잘 감당한 충성된 종으로 하나님께 칭찬을 들을 수 있다. 나는 간혹 학생들로부터 이런 질문을 받곤 한다.

“일요일에 예배에 빠지지 않으면 하나님께서 축복해 주셔서 공부를 잘하게 되나요?”

이런 질문을 받을 때면 예전의 내 모습이 생각나서 귀엽게도 느껴지는 한편, 그 학생의 신앙에 대한 걱정스러운 마음도 든다. 그렇다, 아니다 대답하기 전에 그런 질문을 던진 내면의 깊은 동기가 혹시나 공부를 잘하기 위한 수단으로 예배를 받아들이기 때문은 아닌지 불안하기 때문이다.

‘예배를 드리면 성적이 나아질 것’이라. 그런 기대는 어떤 의미일까? 단지 예배를 성적 향상의 수단으로 여기는 것이다. 위험한 가치관이다. 예배는 실력을 쌓기 위한 ‘수단’이 아니다. 예배는 크리스천의 ‘목적’이다. 공부를 잘하기 위해서 예배에 빠지지 않는 게 아니라, 그것 자체가 피조물인 우리의 목적이기에 예배를 드리는 것이다.

나도 예전에는 예배에 많이 빠졌다. 특히 시험을 앞두고는 더 그랬다. “예배당에 꼭 가야 예배냐? 공부를 잘하는 것이 바로 살아있는 예배다!”라는 식의 이상한 자기합리화를 하면서 교회 대신 도서관에 가서 공부하곤 했다. 특히 고3 때는 인생의 중요한 시험이

코앞에 닥치니, 그동안의 믿음이 온데간데없어져 교회를 등한시했다. 나중에 수능이 끝나면 매일 교회에서 살리라 다짐하며 죄책감을 지우곤 했다.

지금 생각하면 나는 사탄에게 속았던 것 같다. 사탄은 내 귓가에 "교회에 빠지면 공부할 시간이 더 생기잖아. 내가 지금보다 더 잘하게 해줄게!"라고 속삭였다. "남들 다 공부하는 일요일에 더 시간을 투자하지 않고서 어떻게 공부를 잘하겠니?"라고도 했고, "하나님은 나중에 시간이 많을 때 섬기면 된다!"라고도 꼬드겼다. 나는 그 말에 속아 믿음을 팔아먹었다. 그리고 그해 수능시험. 사탄이 약속했던 수능 대박 선물은 도착하지 않았고, 심지어 나는 대학에도 떨어졌다. 도대체 어찌 된 일이냐고 사탄에게 따지고 싶었으나 사탄은 끝내 연락이 닿지 않았다.

그런데 6개월 만에 1등을 차지했던 고2 시절의 나는 예배에 빠진 적이 단 한 번도 없었다. 매 주일을 온전히 드리자 하나님께서는 남들보다 뒤처진 시간을 보상하시는 듯 평일 동안 내가 더 집중해서 공부할 수 있도록 도와주셨다.

세상은 "네가 하는 일을 최우선으로 삼아라"라고 말하지만, 하나님께서는 "예배를 최우선으로 삼아라"라고 말씀하신다. 그리고 그것은 절대 손해 보는 짓이 아니라는 것을 경험하게 하셨다. 왜 나는 경험으로 배웠던 것을 고3 때 그리 쉽게 잊어버렸을까? 재수를 결심하고 나서부터는 절대로 그해 예배에 빠지지 않겠다고 다짐했다. 그리고 결심을 끝까지 지켰다. 덕분에 일요일마다 남들보다 뒤처졌지만, 그 시간을 하나님께서는 열정과 집중력으로 바꿔 몇 배로 보상해 주셨고 서울대 합격까지 덤으로 얹어주셨다.

예배는 공부를 잘하기 위한 수단이 아니다. 공부는 공부대로, 예배는 예배대로 목적이 따로 있는 것이다. 만약 우리가 사람들을 두려워하거나 내가 하는 일을 더 잘하려는 수단으로 예배를 대한다면 우리는 사울과 다를 바 없다. 나는 그것을 뼈아픈 경험으로 깨달았다.

하나님께서 우리를 부르신 목적이 무엇일까? 그것은 시험 합격을 위해서가 아니라, 예배를 위해서다. 물론 예배란 일요일에 교회에서 드리는 것만이 아닌, 삶 전체로 드려야 한다. 그러나 일주일에 단 하루, 그 몇 시간의 예배조차 참석하지 않는 사람이 어떻게 자신의 삶을 예배로 드리며 하나님의 영광을 나타낼 수 있을까?

남들보다 뒤처진다고 느낄 수는 있다. 그러나 성경을 보든, 경험으로 체득하든 한 가지 사실은 분명하다. 하나님은 그분을 경배하려고 자신을 내어드린 사람을 내버려두신 적이 없다. 나는 이 사실을 직접 겪어서 깨달았기에 소신 있게 말할 수 있다.

지친 영혼을 다시 세우는 시간, 예배

질투에 사로잡힌 사울 왕의 추격을 피해 다윗은 맨몸으로 도망쳤다. 어느 날은 숲속에서 잤고 어느 날은 들판에서 잤기에 입고 있던 옷은 이미 누더기가 되어버렸다. 배가 너무 고팠지만 두려움에 도움을 구할 수도 없었다. 자신의 생명을 노리는 암살자가 그 틈에 튀어나와 죽일지도 모를 일이었다.

다급해진 다윗은 '놉'이라는 지역으로 도망쳤다. 그곳은 성소가 있는 곳이었다. 성소는 제사장이 예물을 가지고 하나님을 경배하는 곳이자 백성들이 죄를 회개하면서 하나님을 기억하는 곳이었다. 성소 앞에 도착한 다윗의 모습은 골리앗을 물리쳤던 위풍당당한 용사가 아닌, 더럽고 냄새나는 거지와도 같은 모양새였다. 다윗이 성소에 도착하자 그곳을 책임지고 있던 제사장 아히멜렉이 나와서 영접했다.

"용사께서 무슨 급한 일이 있으시기에 이렇게 헐떡이면서 오셨습니까?"

다윗은 제사장에게 거짓말을 했다.

"저는 지금 왕의 심부름을 하고 있습니다. 그런데 너무 급히 오느라 아무것도 챙겨오지 못했습니다. 혹시 먹을 것과 무기 같은 것이 있습니까?"

하지만 그곳은 식당이 아니라 성소였다. 먹을 거라면 제단 앞에 제물로 놓인 빵뿐이었다. 또 그곳은 무기점도 아니었다. 무기가 하나 있기는 했는데, 그것은 예전에 다윗과 싸우다 죽었던 골리앗의 무기였다. 백성들은 진열된 그 무기를 보면서 하나님께서 어린 목동을 통해 얼마나 놀라운 일을 행하셨는지 기억하곤 했다.

배가 고프고 무방비 상태였던 다윗은 뭔가를 가릴 처지가 아니었다. 다윗은 '최고의 음식'이라며 유통기한이 일주일이나 지난 빵을 우걱우걱 먹어댔다. 허리춤에는 자기가 물리친 골리앗의 칼을 찼다. 그는 성소에서 이른바 '득템'했고 '레벨 업'을 했다.

누군가는 다윗의 이런 행동을 비판하기도 한다. 당시 율법은 제단에 놓인 빵은 제사장만이 먹을 수 있다고 기록하고 있다. 제사장이 아니었던 다윗이 그것을 먹은 건 율법에 어긋나는 행동이라는 시선이다. 또 예전에는 돌멩이 몇 개와 하나님에 대한 믿음만으로 골리앗을 온전히 물리쳤는데, 그 전리품인 큰 칼을 이제야 취했다는 건 그만큼 다윗의 믿음이 약해졌다는 증거라고 이야기한다.

그러나 꼭 그렇게 야박하게(?) 생각할 필요는 없을 것 같다. 성소란 하나님을 경배하는 곳이기도 하지만, 사람의 필요를 채워주는 곳이기도 하다. 하나님께서는 율법의 규정을 문자 그대로 엄격하게 집행하기보다 그 속에 담긴 '정신'을 실천하는 것을 이스라엘 백성들에게 진정으로 바라셨던 게 아닐까? 예수님도 이러한 취지의 말씀을 하신 적이 있었다. 바로 우리가 잘 알고 있는 '선한 사마리아인의 이야기'다.

어떤 사람이 산길을 걷다가 강도를 당하고 죽도록 두들겨 맞았다. 산적들은 그를 길바닥에 버려둔 채 갔다. 그는 시체처럼 길에 엎어져 있었다. 얼마 지나지 않아 제사장과 레위인이 그 길을 걸어갔지만, 그들은 그냥 지나쳤다.

단순히 강도당한 사람을 도와주기 싫어서, 혹은 본인들도 해를 당할까 봐 지나쳤으리라 생각할 수도 있지만 사실은 그게 아니었다. 그들은 율법을 지킨다는 이유로 지나쳤다. 당시 율법에서는 성직자들이 시체를 만지는 것을 부정한 행위로 간주해 이를 엄격히 금했다(레위기 21:11).

강도당한 사람을 지나친 성직자들은 자신들이 율법을 지켰다고 생각했겠지만, 예수님의 관점에서 그것은 율법을 지키는 진정한 태도가 아니었다. 예수님께서는 배고픈 다윗에게 제사장만이 먹을 수 있던 빵을 내어준 아히멜렉을 언급하면서 칭찬하셨고, 엄격한 율법의 적용만을 고집하던 바리새인들을 오히려 꾸짖으셨다(마태복음 12장 1~5절).

다윗이 골리앗의 칼을 가져간 것 역시 나쁘게 볼 것만은 아니다. 골리앗을 죽일 때 다윗이 돌팔매를 이용한 것은 화려한 쇼맨십을 보이려는 목적이 아니었다. 자신에게 가장 익숙한 무기가 돌이었을 뿐이다. 실제로 다윗은 갑옷을 입고 칼을 차봤으나 익숙하지 않아 다시 내려놓고, 그냥 평소에 쓰던 무기인 돌팔매를 들고 나갔다.

그러나 언제까지나 돌팔매를 들고서 전쟁할 수는 없었다. 다윗은 그 후로 칼 쓰는 연습을 많이 했을 것이다. 다윗의 기질인 부지런함과 성실함으로 유추하자면, 사울에게 도망칠 때 그의 검술은 이미 상당한 경지에 오른 상태가 아니었을까? 어쩌면 다윗에게 잘 손질해서 진열되어 있던 골리앗의 칼은 하늘에서 내려온 선물처럼 다가왔을지도 모른다. 하나님께서는 성소를 통해 다윗의 가장 큰 필요를 즉각 채우셨다.

속세를 산다는 건 쉬이 지치는 일이다. 학교에서 공부한다는 것도, 직장에서 일한다는 것도 마찬가지다. 게임에서 몬스터에게 두들겨 맞아 에너지가 바닥난 캐릭터처럼 우리 자신을 끊임없이 소모하는 과정이다. 그러나 우리 곁에는 도우시는 분이 항상 계신다. 그분은 지치고 배고픈 우리 모습을 외면하지 않으신다.

하나님께서는 우리가 지치고 힘들 때마다 새로운 열정과 필요를 공급하신다. 이런 하나님의 공급은 우리가 개인적으로 QT를 하거나 평일에 각자의 삶을 살 때도 일어나지만, 주일날 예배 시간에 받는 만큼 풍성하지는 않다. 일주일에 한 번이라도 하나님을 경배하는 무리에 들어가서 같은 목소리로 찬양하고, 강단에서 전하시는 말씀을 듣고, 몸을 움직여 봉사하면 마치 치유사가 내 소모된 부분을 꽉 채워주는 느낌이 든다. 그렇게 몸과 마음은 회복하고 다시 나아갈 힘을 얻는다. 구약시대의 제사와 신약시대의 예배가 똑같은 개념은 아니지만, 과거 성소를 통해 일하셨던 하나님의 일부가 현재 예배를 드리는 순간에도 똑같이 일어나고 있음은 엄연한 사실이다.

앞에서 예배는 수단이 아닌 목적이라 말했다. 그러나 목적으로 드리는 예배라도, 그것이 우리 삶에 아무런 필요가 없다는 말은 아니다. 하나님께서는 예배를 통해 '현실적인' 필요 대부분을 우리에게 공급하신다. 배가 고파 쓰러질 것 같았고 빈손이었던 다윗이 성소에서 도움을 얻은 뒤 배를 채우고 제대로 된 무기를 들고 떠날 수 있었던 것처럼, 이런 돌보심은 지금 시대에도 여전히 기적처럼 일어난다.

언젠가 나는 성적이 심하게 떨어져서 낙담한 적이 있었다. 지금의 노력들이 과연 의미가 있는 것인지 회의가 들었다. 세상 모든 사람들이 나를 앞서가는 것 같았다. 하나님이 그들만 사용해도 충분히 그의 일을 하실 수 있겠다는 생각이 들 정도였다. 나라는 존재는 너무 하찮게 느껴졌다. 찬양을 들어도 기분이 좋아지지 않았고, 성경을 읽어도 거기에 마음을 쏟을 수 없었다. 기도할 때면 원망과 의심이 일어났다. 자포자기 심정으로 주일 예배에 참석했던 그날, 놀라운 경험을 했다. 나를 괴롭히던 걱정과 괴로움이 성도들의 찬양과 강단 말씀을 듣는 사이 모두 씻겨 나가는 듯한 체험을 한 것이다. 그야말로 새로운 경험이었다.

늑대는 아무 양이나 물어가지 않는다. 늑대가 유심히 노리는 양은 '혼자 있는 양'이다. 사탄도 마찬가지여서, 언제나 혼자 있는 사람을 노린다. 손쉽게 취할 수 있는 가장 약한 상태이기 때문이다. 그러나 같은 목소리로 하나님을 찬양하는 성도의 무리 속에 있으면 그 자체로 사탄의 공격을 막는 든든한 방패가 형성된다.

신앙은 혼자 힘으로 세울 수 없다. 아무리 혼자 성경을 읽어도, 골방에서 기도를 열심히 해도, 집에서 찬송을 온종일 불러도, 내 발걸음을 곧게 만드는 것은 결국 외부에서 온다. 성경도 이 부분을 지적하고 있다.

> 여호와여 내가 알거니와 인생의 길이 자기에게 있지 아니하니 걸음을 지도함이 걷는 자에게 있지 아니하니이다 (예레미아 10:23)

인터넷으로 유명한 목사님의 설교를 듣는 것도 좋겠지만, 그것이 성도와의 교제를 대체하는 신앙 습관이 되어서는 안 된다. 만약 당신이 지친 상태라면 힘을 얻는 그곳에 직접 가야만 한다. 그것이 우리 크리스천들이 가져야 할 제대로 된 영성의 모습이 아닐까?

돈을 대하는 태도가 영성으로 이어진다

어떤 사람의 신앙을 알아볼 때 그 사람이 가진 돈(재물)에 관한 가치관을 살피는 것보다 더 좋은 방법은 없다. 재물이 있는 곳에 마음도 있기 때문이다. 재물을 다루는 습관은 우리 삶 속에 평생 유지되면서 영성의 폭을 결정한다. 세뱃돈을 더 이상 부모님께 뺏기지 않는 나이가 되었다면 그 돈을 어떻게 써야 하는지, 돈에 대한 성경의 가르침은 무엇인지 반드시 배워둬야 한다.

성경의 가르침은 열심히 벌되, 마음을 두지 말라는 것이다. 간혹 크리스천 중에 "그깟 돈 따위"라고 말하는 사람들이 있다. 그러나 별로 멋있어 보이지 않다. 오히려 위선적인 태도로 비치기까지 한다. 왜냐하면 세상에 '그깟' 돈은 없기 때문이다. 지금도 어느 곳에서는 단돈 몇 푼이 없어서 밥을 먹지 못하고, 학교에 가지 못하고, 치료받지 못하는 사람들이 있다. 그 사람들에게 돈이란 삶의 질을 넘어 생명까지도 좌지우지하는 것이다. 따라서 돈은 절대 '하찮은 것'이 아니다. 누군가에게는 최악의 주인이겠지만 또 누군가에게는 최선의 종이기도 하다. 그러니 재물 자체를 목표로 하지 않고 그것을 다른 선한 일에 쓰려고 벌고자 한다면, 돈은 그 어떤 수단보다도 강력한 열매를 가져다준다. 그렇다면 그런 '충직한 종'을 확보하려는 노력(그 동기만 유지된다면)은 하나님 앞에서 올바른 행동일 것이다. 성경 역시 옳은 방법으로 부지런하게 재물을 모으는 것을 선한 사람의 표본으로 본다.

망령되이 얻은 재물은 줄어가고 손으로 모은 것은 늘어가느니라
(잠언 13:11)

유덕한 여자는 존영을 얻고 근면한 남자는 재물을 얻느니라
(잠언 11:16)

물론 하나님께서는 우리에게 돈을 사랑하지 말라(마태복음 6:24)고도 하신다. 또한 재물이 늘어도 거기에 마음을 두지 말라(시편 62:10)고 말씀하신다. 그러나 그건 재물을 하나님보다 더 사랑하지 말라는 뜻이지, 어떻게 돈을 벌까 궁리하지 말고 돈을 벌 어떤 노력도 하지 말라는 말이 아니다.

로또 당첨으로 얻은 게 아닌 이상, 돈은 괴로움의 대가다. 만약 직장생활이 즐겁다면 우리는 오히려 돈을 내고 출근할 것이다. "세상 재물은 아무런 의미가 없다"라고 말하는 일부 크리스천을 가만히 보면, 돈을 벌 때 필요한 부지런함과 괴로움을 피하고 싶은 자신의 게으른 마음을 그런 논리로 포장하는 경우가 있다. 그런 사람들에게 성경은 다음과 같이 조언한다.

> 우리가 너희와 함께 있을 때에도 너희에게 명하기를 누구든지 일하기 싫어하거든 먹지도 말게 하라 하였더니
>
> (데살로니가후서 3:10)

재물의 많고 적음은 인간에게나 중요하지, 하나님 앞에서는 먼지에 지나지 않는다. 중요한 것은 하나님을 향한 우리의 마음이다. 성경은 우리에게 '재물을 얻으려고 노력하지 말라'고 지시하는 게 아니라, '재물을 얻기 위해 부지런히 노력하라. 그러나 재물을 얻어도 하나님을 잊지 말라'고 가르친다. 중요한 것은 재물을 얻은 다음이다. 성경은 재물을 얻은 자에게 다음과 같이 말하고 있다.

> 네가 마음에 이르기를 내 능력과 내 손의 힘으로 내가 이 재물을 얻었다 할까 하노라 네 하나님 여호와를 기억하라 그가 네게 재물

얻을 능력을 주셨음이라 이같이 하심은 네 조상들에게 맹세하신 언약을 오늘과 같이 이루려 하심이니라

(신명기 8:17~18)

너는 마땅히 매년에 토지 소산의 십일조를 드릴 것이며 네 하나님 여호와 앞 곧 여호와께서 그 이름을 두시려고 택하신 곳에서 네 곡식과 포도주와 기름의 십일조를 먹으며 또 네 소와 양의 처음 난 것을 먹고 네 하나님 여호와 경외하기를 항상 배울 것이니라

(신명기 14:22~23)

우리가 얻은 재물은 하나님께서 주신 것이다. 따라서 그 재물 일부를 하나님께 다시 드리는 자세는 그런 하나님을 인정하고 공경하는 태도다. 그리고 다른 누구도 아닌 바로 우리 자신의 유익을 위한 것이다. 우리 재물 일부를 하나님께 드리면, 하나님께서는 우리에게 더 많은 것을 되돌려주신다. 성경은 다음과 같이 약속한다.

네 재물과 네 소산물의 처음 익은 열매로 여호와를 공경하라 그리하면 네 창고가 가득히 차고 네 포도즙 틀에 새 포도즙이 넘치리라

(잠언 3:9~10)

만군의 여호와가 이르노라 너희의 온전한 십일조를 창고에 들여 나의 집에 양식이 있게 하고 그것으로 나를 시험하여 내가 하늘 문을 열고 너희에게 복을 쌓을 곳이 없도록 붓지 아니하나 보라

(말라기 3:10)

일부 독자는 공부 이야기를 다루는 책에서 왜 뜬금없이 '헌금 이야기'가 나오는지 의아할 수도 있다. 이것에 관해서 이야기하는 이유는, 공부와 헌금이 달라 보이지만 사실은 본질적으로 같은 것이기 때문이다. 공부는 내 노력과 시간을 하나님께 바치는 것이며, 헌금은 내 돈을 하나님께 바치는 것이다. 종류가 다르지만 동기는 똑같다. 삶에서 일어나는 결과 또한 마찬가지다. 아까워서 몇 푼의 헌금도 못 내는 사람은, 나중에 공부를 잘하게 되어도 자신만을 위해 살아가기 마련이다. 반면 어려서부터 돈에 관해 제대로 된 가치관과 습관을 익힌 사람은, 어른이 되어서도 어떤 일이든 충실히 행하는 모습을 보여준다.

그래서 나는 하나님을 위해 살고 싶다는 크리스천 후배들에게 헌금의 습관을 함께 강조한다. 당신이 하는 공부가, 자신만을 위한 행동이 아니라 하나님께 드리는 예배라는 사실을 증명하고 싶은가? 그렇다면 거창한 행동이 필요하지 않다. 하나님께서는 단지 당신이 주머니 속 1000원짜리 한 장을 기쁘게 헌금함에 넣을 사람인

지를 보신다. 그리고 그런 자를 하나님은 사랑하신다.

> 각각 그 마음에 정한 대로 할 것이요 인색함으로나 억지로 하지 말지니 하나님은 즐겨 내는 자를 사랑하시느니라 (고린도후서 9:7)

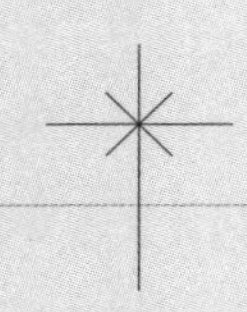

예배는 실력을 쌓기 위한 '수단'이 아니다.

예배는 크리스천의 '목적'이다.

공부를 잘하기 위해서 예배에 빠지지 않는 게 아니라,

그것 자체가 피조물인 우리의 목적이기에 예배드리는 것이다.

고통 앞에서 침묵하는 연습

나는 스마트폰을 손에 든 채 한참을 망설이고 있었다. 한동안 고민하다 '그래도 이건 아니지'라고 생각하면서 스마트폰을 내려놓았다. 그런데 아무리 생각해도 화가 가라앉지 않았다. 결국 다시 스마트폰을 집어 들었다. 지금 따지지 않으면 화병이 생겨서 죽을지도 모른다는 생각이 들었다. 나는 학생회 시절 교사였던 분의 연락처를 찾아 전화를 걸었다. "여보세요."라는 음성을 듣자마자 나는 큰 소리로 쏘아붙였다.

"형제님! 혹시 사람들한테 '철범이랑 피시방에서 게임 대결했는데 내가 이겼다'고 말하고 다니셨나요?"

"…으응?"

"저랑 형제님이 그때 세 판 붙어서 제가 두 판 이겼잖아요! 그러면 제가 이긴 거 아니에요? 형제님이 세 판 중에 딱 한 번 이긴 적이 있다고 해서, '철범이한테도 이겼다' 이렇게 말하고 다니면 안 되죠!"

"…."

여기까지만 할 걸 그랬다. 그러나 한번 화를 내니 제어가 되질 않았다.

"앞으로 어디 가서 그딴 말 지껄이지 마세요!"

"일단 끊자. 나중에 화가 가라앉으면 다시 전화해라."

어라? 내가 미쳤나? 항상 말을 신중하게 하는 사람으로 소문나 있던 내가 나보다 열 살이나 많은 사람한테 지금 무슨 짓을 한 거지? '그딴'이라는 단어와 '지껄이다'라는 단어는 어떻게 하면 화가 많이 났다는 것을 제대로 보여줄 수 있을까 궁리하다 튀어나온 말이다. 가슴에 콕 박힐 만한 말을 던지고 싶었다. 그런데 생각만 했던 그 말들이 정말로 입 밖으로 나올 줄은 몰랐다. 따지고 보면 정말 아무 일도 아니었는데 말이다.

나는 아직도 그때 일을 생각하면 이불을 뒤집어쓰고 소리를 지르고 싶을 만큼 부끄럽다. 그건 내가 아니었다. 대학에 떨어지고, 집안 사정은 엉망이고, 좋아하던 여자한테 고백했다가 차였더니 내가 잠시 미쳤던 것 같다. 되는 일이 없으니까 참을 수 있던 일도 참을 수 없었다.

내가 다윗을 좋아하는 것은 그도 나와 비슷한 실수를 저질렀기 때문이다. 사무엘상 25장을 보면 다윗이 격분하는 장면이 나온다. 자신을 추격하던 사울에게서 도망 다니던 시절, 다윗은 자기를 따르던 무리와 함께 어떤 부자의 양 떼를 지켜주는 일을 하게 되었다. 밤낮으로 그 부자의 목동들과 함께 있으면서 강도와 들짐승을 막아주었다. 월급 따위는 없었다. 그저 나중에 보답해 주겠지, 하는 작은 소망을 가지고 시작한 일이었다.

시간이 흘러 어느덧 양털 깎는 날이 다가왔다. 이스라엘에서 양털을 깎는 날은 우리의 추석과 비슷하다. 잔치가 벌어지는 날이다. 소식을 들은 다윗은 사람을 보내 '나발'이라는 이름의 부자에게 부탁했다.

"우리는 그동안 당신의 재산을 성실하게 지켜주었소. 이처럼 좋은 날이 찾아왔으니, 나와 나를 따르는 사람들이 당신의 잔치에서 뭐라도 좀 얻어먹을 수 있을까요?"

그러나 불행하게도 나발은 어리석고 고집이 세며 악한 사람이었던 지라 이렇게 대꾸한다.

"응? 다윗이 누군데? 아, 요새 자기 주인에게서 억지로 도망치는 종이 많다고 들었는데, 혹시 그런 사람 중 하나인가?"

이것은 사울에게서 도망친 다윗을 조롱하는 말이었다. 평소의 다윗이라면 "에휴, 내가 참아야지" 했겠지만, 당시 그는 때마침 되는 일이 없었다. 이 이야기가 나오는 사무엘상 25장 1절은 사무엘의 죽음으로 시작된다.

사무엘이 누구인가? 어린 소년 다윗에게 "네가 장차 왕이 될 것이다"라며 기름을 부어주었던 이스라엘의 정신적 지주가 아니던가? 이제 그 사무엘이 죽었으니, 다윗은 자신의 스승을 잃은 셈이었고, 자신이 왕이 될 사람임을 증명해 줄 유일한 선지자를 잃은 것이나 마찬가지였다. 사무엘의 죽음은 다윗을 자포자기 상태로 만들었는데, 나발이라는 부자가 지금 그런 다윗의 화를 돋우고 있었다.

"이런, 뭐도 아닌 놈이 감히 나를 모욕해? 얘들아! 모두 허리에 칼을 차라. 우리는 지금 나발의 집으로 쳐들어간다. 오늘 나는 그 집 안에 있는 모든 사람을 죽일 것이다. 만약 내가 그러지 못하면 하나님께서 나에게 저주를 내리시기를!"

400명의 군사를 이끌고 다윗은 대살육을 하려 길을 떠난다. 이처럼 되는 일이 없는 사람은 조그마한 분노에도 크게 반응한다. 만약 나발의 아내였던 아비가일의 겸손과 지혜가 아니었다면, 다윗은 평생 후회할 큰 죄를 지었을지도 모른다.

우리는 고통당할 때 입을 다물어야 한다. 인간관계가 꼬이고, 시험에 떨어지고, 경제적인 상황이 나빠지면 마음속에는 원망의 가시가 생긴다. 그때 입을 열면 마음속에 있던 가시가 튀어나온다.

그러므로 되는 일이 없다고 생각하는 사람일수록 말수를 줄여야 한다. 평생 후회할 일은 이때 터진다. 환경은 변하기에 다시 좋은 상황으로 바뀔 수 있다. 그러나 자기가 어려운 시절에 저질렀던 실수는 주워 담을 수 없다.

> 미련한 자는 당장 분노를 나타내거니와 슬기로운 자는 수욕을 참느니라 (잠언 12:16)

> 너는 하나님 앞에서 함부로 입을 열지 말며 급한 마음으로 말을 내지 말라 하나님은 하늘에 계시고 너는 땅에 있음이니라 그런즉 마땅히 말을 적게 할 것이라 (전도서 5:2)

남이 불행을 겪고 있을 때도 우리는 조심해야 한다. 섣불리 위로하려고 들다가는 오히려 분노를 일으킬 수 있다. 경험상, 되는 일이 없는 사람은 어떤 말도 고깝게 받아들인다. “네 맘 다 알아.”라는 식의 위로는 대부분 “알긴 개뿔! 네가 나처럼 당해봤어?”라는 반응으로 이어진다.

지혜의 왕 솔로몬은 고통당하는 사람의 마음은 본인만이 안다(잠언 14:10)고 우리에게 충고한다. 섣부른 위로도 상처가 되는 판에 고통받는 사람에게 가르치려 들려는 사람들도 있다. 지금의 고통은 당신이 지은 죄의 대가일 수도 있다는 둥, 예배에 빠져서 그렇게 되었으니 어서 하나님께로 돌아오라는 둥 충고한다. 부디 우리는 그러지 말자.

나에게는 평생 잊을 수 없는 일이 하나 있다. 자취하면서 수능을 준비하고 있을 때였다. 학원에 갔다가 밤늦게 돌아온 나는 어질러진 집이 말끔히 치워진 것을 발견하고 깜짝 놀랐다. 설거지까지 깔끔히 되어 있는 부엌에는 웬 쪽지가 있었다.

"놀러 왔는데, 없네. 학원 갔나 봐? 밥해놨으니까 잘 챙겨 먹고 다녀."

평소에 별로 친하지도 않던 교회 누나가 찾아와서 남긴 쪽지였다. 낮에 왔었는데 내가 없자, 주인집 아저씨에게 이야기해서 들어온 후에 우렁각시처럼 해놓고 간 것이었다. 그건 위로의 메시지였다. '지금이 힘들고 고통스럽겠지만, 너는 혼자가 아니야'라는 마음을 일깨우는 따뜻함이었다. 그동안 내가 받았던 어떤 위로보다 감동적이었다. 앞으로 나도 기회가 있다면 누군가에게 그런 위로를 전해야겠다고 다짐했다.

가장 좋은 위로는 그냥 함께 있어주는 것이다. '너는 혼자가 아니야'를 곧 행동으로 보여주면 그것으로 충분하다.

욥의 친구들은 고통당하고 있는 욥의 소식을 듣자마자 찾아와서 일주일이나 별말 없이 곁을 지켜주었다. 그러나 일주일이 지나자 그들은 더는 참지 못하고 근질거리는 입을 열어버렸다. 섣부른 위로는 욥에게 큰 아픔을 주었고, 하나님께서는 결국 그들을 매우 꾸짖으셨다.

삶이 잘 풀리지 않는다면 잠잠히 기다리는 것이 최선이다. 불행이나 고통을 당하고 있는 사람을 위로하는 방법도 그저 잠잠히 옆에 있어주는 것이다. 어차피 우리 마음속의 슬픔이든 다른 사람 마음속에 깃든 슬픔이든 본인이 아니라면 그 크기조차 가늠할 수 없다.

내 삶이 바라는 대로 되지 않아 슬플 때는 사람들을 향해서는 입을 닫고 그저 하나님께만 입을 열어 내 마음을 쏟아놓는 것이 가장 현명하다. 그럴 때 하나님을 향한 우리 믿음은 더욱 강해지며, 하늘로부터 오는 진정한 평안과 위로를 맛볼 수 있다.

무릇 기다리는 자에게나 구하는 영혼에게 여호와는 선하시도다 사람이 여호와의 구원을 바라고 잠잠히 기다림이 좋도다 사람은 젊었을 때에 멍에를 메는 것이 좋으니 혼자 앉아서 잠잠할 것은 주께서 그것을 메우셨음이라 그대의 입을 땅의 티끌에 댈지어다 혹시 소망이 있을지로다 때리는 자에게 뺨을 향하여 수욕으로 배불릴

지어다 이는 주께서 영원하도록 버리지 않으실 것임이며 저가 비록 근심케 하시나 그의 풍부한 자비대로 긍휼히 여기실 것임이라 주께서 인생으로 고생하게 하시며 근심하게 하심이 본심이 아니시로다 (예레미야애가 3:25~33)

습관이 무너지기 전에 점검해야 할 것

이제 이스라엘 백성은 40년의 광야 생활을 모두 마쳤다. 그들은 약속의 땅인 가나안을 눈앞에 두고 있었고, 첫 전쟁은 난공불락의 요새였던 여리고 성을 점령하는 것이었다. 하나님께서 명령하셨다.

"여리고 성에 있는 모든 재물들은 반드시 하나님의 곳간에 들여놓아라!"

여리고 성을 함락한 이스라엘 백성은 그 명령대로 모든 재물을 하나님께 바쳤다. 전쟁은 승리로 끝났다. 정말로 하나님께서 우리와 함께 싸우시는구나! 이제 그들의 사기는 하늘을 찔렀다. 다음 목표는 아이 성이었다.

아이 성은 조그만 성이었다. 그 큰 여리고 성도 무너뜨렸으니, 코딱지만 한 아이 성 따위는 쉽게 점령할 수 있을 것이라 자만하며 돌진했다. 그러나 이날 이스라엘 백성은 전쟁에서 크게 패했다. 도대체 왜? 하나님께서 우리와 함께하신다고 하지 않았던가? 가나안 땅을 우리에게 주신다고 약속하지 않으셨던가? 울부짖는 백성에게 하나님께서 말씀하셨다.

"너희 중에 나의 명령을 거역한 자가 있다. 그가 여리고 성을 치는 전쟁에서 은과 금을 챙겨서 자기 집에 숨겼다."

백성들은 그가 누구인지 찾아내려고 제비를 뽑았다. 열두 지파 중에 유다 지파가 뽑혔고, 유다 지파 중에서는 세라 족속이, 세라 족속 중에서는 삽디의 가족이, 삽디의 가족 중에서 '아간'이라는 사람이 뽑혔다. 아간은 결국 자신의 죄를 모두 털어놓았다. 아간을 처벌한 이스라엘 백성은 다시 아이 성으로 쳐들어갔다. 그날 전쟁은 승리로 끝나 하나님께서 허락하신 전리품들을 마음껏 챙길 수 있었다.

"사람들은 1등만 기억합니다." 우리가 주위에서 쉽게 접하는 말이다. 그러나 이것은 세상의 가르침이다. 1등이 모두를 차지한다고 생각하는 세상 사람들은 1등이 되려고, '승리'라는 결과를 만들려고 나머지를 쉽게 포기하고 희생한다. 하지만 하나님께서는 승리라는 결과보다 그 과정이 얼마나 깨끗한지를 더 중요하게 여기신다. 만약 우리가 전쟁의 과정에서 죄를 범한다면 하나님께서는 우리의 회개를 끌어내기 위해 전쟁도 잠시 멈추신다. 승리보다 우리의 거룩함이 더더욱 중요하기 때문이다. 성경은 하나님의 뜻이 무엇인지 확실히 이야기한다.

하나님의 뜻은 이것이니 너희의 거룩함이라 (데살로니가전서 4:3)

'죄를 짓지 말아야지', '나쁜 습관을 버려야지'라고 생각하는 것만으로는 자기 삶을 깨끗하게 유지하기 어렵다. 죄를 짓는 패턴을 분석해 그 원인을 미리 제거해야 한다. 성경을 보면 죄가 언제 찾아오는지 알 수 있다. 사무엘하 11장에는 다윗의 삶에서 가장 큰 죄였던 우리아 살해사건이 등장한다. 그 첫 부분이 어떻게 시작하는지 유념하자.

해가 돌아와서 왕들의 출전할 때가 되매 다윗이 요압과 그 신복과 온 이스라엘 군대를 보내니 그들이 암몬 자손을 멸하고 랍바를 에워쌌고 다윗은 예루살렘에 그대로 있으니라 저녁때에 다윗이 그 침상에서 일어나 왕궁 지붕 위에서 거닐다가 그곳에서 보니 한 여인이 목욕을 하는데 심히 아름다워 보이는지라 (사무엘하 11:1~2)

왕들이 출전할 해가 되었다! 왕'들'이라고 한 것에 주목하자. 전쟁이 터졌고, 각 나라의 왕들은 모두 전쟁터에 나가는 긴박한 상황이었다. 그런데 지금 다윗만 쏙 빠진 것이다. 다윗은 요압과 그의 부하들을 대신 내보냈는데, 사실 그럴 만한 상황이 아니었다. 다윗은 자신의 의무를 저버린 상태였다. 이럴 때 죄가 찾아온다.

나라에 다른 바쁜 일이 있다거나 건강이 좋지 못했다거나 하는 피치 못할 사정으로 전쟁에 나가지 않은 게 아니었다. 다음 2절을 보면, 다윗이 '저녁때에 일어나서'라고 돼 있다. 폐인이 따로 없다. 게임에 빠져서 밤새우는 피시방의 백수들도 이렇지는 않다. 그들도 아침에는 잠을 자고, 점심에는 배가 고파서 일어난다. 도대체 다윗은 밤새도록 무엇을 했기에 이렇게 해이해지고 게을러졌을까?

생활이 게을러지면 마음도 느슨해진다. 그리고 그러한 마음은 죄를 거부할 자제력을 우리에게서 빼어간다. 느지막이 일어난 다윗은 왕궁 옥상에서 성안을 내려다보았다. 그러다 한 여인이 나체로 목욕하는 모습을 보고는 자제심을 잃었다. 다윗은 여인을 데리고 오라고 명령했는데, '밧세바'라는 이름의 그 여인은 유부녀였다. 그리고 여인의 남편인 '우리아'는 지금 전쟁에서 목숨을 걸고 싸우고 있는 다윗의 부하 장군이었다.

결국 밧세바는 다윗의 아기를 가지게 된다. 그리고 다윗은 자신의 죄를 숨기기 위해 전쟁에서 일부러 우리아를 죽게 만든다. 이것이 다윗 인생에 가장 큰 오점으로 남은 우리아 살해사건이다. 훗날 이 일로 다윗은 큰 대가를 치른다. 아이를 잃었고, 다윗의 절친이자 이스라엘의 제갈공명이었던 아히도벨도 등을 돌렸다. 하나님께 고통스러운 형벌을 받은 것이다. 아히도벨은 이후 압살롬의 반역에 가담한다. 심지어 아히도벨은 다윗의 아들인 압살롬을 부추겨, 모든 사람이 보는 앞에서 다윗의 아내들을 강제로 범하게 한다. 아히도벨이 이토록 다윗을 증오한 이유는, 다윗이 범한 밧세바가 바로 아히도벨의 손녀였기 때문이다.

꼬리에 꼬리를 무는 비극은 언뜻 보면 대수롭지 않았던 다윗의 '게으름'에서 출발했다. 만약 왕들이 출전하는 전쟁에 다윗이 나갔더라면, 아니 예루살렘에 남았더라도 좀 더 부지런히 생활했더라면 이런 비극은 일어나지 않았을 것이다.

죄를 막는 방법은 간단하다. 하나님께서 맡기신 일에 부지런함으로 충성하는 것이다. 그러니 돌이켜 봤을 때 일이 잘 안 풀리고 있다면, 하나님께서 혹시 나에게 말씀하시고 싶은 게 있는 건 아닐지 생각해 봐야 한다. 평소 자기에게 맡겨진 일에 가능한 한 부지런함을 보이는 태도도 중요하다. 그러면 죄가 비집고 들어올 틈이 없다.

공부의 가치관, 신앙의 습관도 성경에서 배울 것

크리스천은 하나님의 영광을 위해 공부한다. 그리고 그 과정에서 주님의 지혜를 구하고 우리를 향한 하나님의 뜻을 묻는다. 그러면 주님은 언제나 우리를 풍족하게 채워주신다. 그런 경험의 일부를 나는 이 책을 통해 나누었지만 말 그대로 일부분일 뿐이다. 당신이 이 책을 덮은 후에도 필요한 것이 있다면, 그때는 하나님께서 직접 당신에게 알려주실 것이다. 그분은 살아 계시며, 당신을 향한 특별한 뜻을 가지고 계시기 때문이다.

물론 그렇다고 하여 우리에게 천사를 내려보내거나 환상을 보여 말씀하지는 않으실 것이다. 건강한 기독교 교리에 의하면 그런 신비스러운(?) 방법은 하나님께서 특별한 시대에, 특별한 경우에만 사용하셨던 것이니까.

그렇다고 실망할 필요는 없다. 우리는 성경이 완성된 시대에 살고 있기에 하나님께서 우리에게 바라시는 것 대부분을 성경에서 찾을 수 있다. 공부에 대한 지혜도, 공부하면서 가져야 할 가치관이나 신앙의 습관도 모두 성경에서 배울 수 있다. 이제 마지막으로 크리스천 후배들이 이 책을 덮고 나서도 자신을 향한 하나님의 뜻을 발견하고 공부와 삶의 지혜를 얻을 수 있도록, '성경 읽는 법'을 조언하려 한다.

도대체 성경을 어떻게 읽어야 하나님의 지혜와 나를 향한 뜻을 제대로 알게 될까? 예전의 나는 잠깐이지만 성경을 '주술적'인 방법으로 사용한 적이 있었다. 예컨대 이런 식이었다.

'하나님, 오늘 저에게 하실 말씀을 보여주세요. 제가 성경을 딱 펼쳐서 나오는 페이지에서 가장 먼저 눈에 들어오는 구절을 오늘 저에게 하시는 말씀으로 알겠습니다. 아브라카다브라!'

> 너희가 많이 뿌릴지라도 수입이 적으며 먹을지라도 배부르지 못하며 마실지라도 흡족하지 못하며 (…) (학개 1:6)

'음. 하나님, 제가 순간 손가락에 경련이 나서 잘못 편 것 같아요. 구약의 말씀은 너무 무섭군요. 나는 신약시대에 살고 있으니까, 신약성경으로 다시 펼게요!'

> 네가 이같이 미지근하여 덥지도 아니하고 차지도 아니하니 내 입에서 너를 토하여 내치리라 (요한계시록 3:16)

'…하나님. 이런 건 무효인 거 아시죠? 위로가 되는 좋은 구절을 보여주셔야죠. 기운이 나는 달콤한 말씀을 주세요. 저에게 주시는 말씀으로 알겠습니다. 다시 한번 펼게요!'

> 너는 입을 열어 공의로 재판하여 간고한 자와 궁핍한 자를 신원할지니라 (잠언 31:9)

'오! 드디어 좋은 구절이네요. 하나님, 당신은 제가 판사나 변호사가 되기를 바라고 계셨군요. 그런데 하나님, 저는 이과생인데….'

한동안 나는 성경을 이런 식으로 읽었다. 아무 일 없는 평소에야 이게 무슨 장난 같은 짓이냐 싶었지만, 절박한 순간에는 "여호와께서 너를 지켜 모든 고난을 면하게 하시리라"(시편 121:7)와 같은 말씀이 나에게 하시는 주님의 약속처럼 들릴 수밖에 없었다. 물론 하나님께서는 실제로 이런 방식과 이런 말씀으로 우리 삶을 위로하시고 앞날을 약속하시거나 갈 길을 인도하신다. 그러나 "모든 고난을 면하게 하시리라"는 약속만을 믿고 있었는데, 실제로 삶에 고난이 찾아오면 믿음은 흔들린다. '뭐야, 나에게 말씀하신 하나님의 약속이 아니었던 거야? 나는 있지도 않은 하나님을 믿었던 것이고, 사실도 아닌 성경을 진짜로 믿은 바보였던 거야?'라고 단정 짓는 것이다.

이런 일이 일어나는 이유는 성경을 자기 멋대로 읽었기 때문이다. 사람은 누구나 자기합리화를 하는 존재다. 원하는 것이 먼저 눈에 들어오니 자기가 생각하고 싶은 대로 판단하기 쉽다. 그래서 성경 역시 받아들이고 싶은 대로 받아들이려는 습성이 있다.

우리는 사탄이 예수님을 시험할 때 사용한 질문들을 알고 있다. 돌멩이를 떡으로 만들어보라든가, 높은 곳에서 뛰어내려 보라고 했던 사탄의 질문들은 다른 것도 아닌 '성경'을 교묘히 인용한 것이었다. 원래 의미가 아닌 임의로 해석한 것을 예수님께 들려주었다. 이처럼 사탄은 성경을 이용해 우리의 신앙을 공격한다. 올바른 믿음을 유지하기 위해서는 성경을 '올바로' 읽는 게 중요하다. 그러려면 다음 원칙들을 반드시 지켜야 한다.

① 의미가 쉽게 와닿지 않거나 의문이 생긴다면 정확한 번역을 찾아보자.

한글성경은 영문성경을 번역해 만든 것이다. 그런데 사람이 하는 일이 늘 그렇듯, 성경에도 정확하지 않은 번역이 군데군데 숨어 있다. 예를 들어, 요한1서를 보면 "하나님께로부터 난 자마다 죄를 짓지 아니하나니"(요한1서 3:9)라고 되어 있다. 이상한 부분이다. 죄를 지으면 그 사람은 하나님의 자녀가 아니라는 말인가? 도대체 죄를 안 짓는 사람이 어디 있다고?

이런 의문은 영문성경만 찾아봐도 쉽게 풀린다. 영문성경에는 "No one who is born of God will continue to sin"이라고 적혀 있다. 즉 continue라는 단어를 빼먹고 번역한 것이다. 원래라면 "하나님의 자녀라면 죄를 계속해서 지을 수는 없다"라는 의미다. 우리가 죄를 지을 때마다 하나님께서는 말씀과 우리의 양심을 자극해 깨달음을 주시고, 때로는 징계를 내려 어떻게든 돌이키게 만드신다. 그 사실을 떠올리면 이 구절은 자연스럽게 이해가 된다.

② 앞뒤 구절을 같이 읽으면서 의미를 체계적으로 파악하라.

누가복음에 보면, "구하는 이마다 받을 것이요"(누가복음 11:10)라는 예수님의 말씀이 있다. 이 구절만 놓고 보면, '뭐야? 10억이 필요하다고 구한 지가 언젠데 나는 왜 아직도 못 받은 거야? 성경이 거짓말한 거야?'라고 생각할 수 있다.

그러나 그 뒤의 구절을 계속해서 읽으면 이것은 단순히 재물에 관한 이야기가 아님을 알 수 있다. 이어지는 구절은 이렇다. "너희가 악할지라도 좋은 것을 자식에게 줄 줄 알거든 하물며 너희 천부께서 구하는 자에게 성령을 주시지 않겠느냐"(누가복음 11:13)라고. 결국 구하는 사람은 모두 받는다고 예수님께서 말씀하신 것은 '성령'인 셈이다. 문맥적인 의미나 문화적인 의미를 생각하지 않은 채 한 말씀만 쏙 뽑아내면, 이상한 주장의 근거로 쓸 만한 황당한 이야기가 얼마든지 만들어지는 것이 성경이다.

③ 문자 그대로 받아들이지 말고 그 속에 담긴 교훈을 찾아라.

사도행전에 "믿는 사람이 다 함께 있어 모든 물건을 서로 통용하고 또 재산과 소유를 팔아 각 사람의 필요를 따라 나눠주고"(사도행전 2:44~45)라는 구절이 있다. 이 구절을 문자 그대로 받아들인 사람들은 교회 신도들의 재산을 모두 싹쓸이해 마을을 만들고는 폐쇄적인 생활을 하기도 한다.

그러나 '당시에 그런 상황도 있었구나'가 아닌, "너도 이와 같이 하라"는 말씀으로 받아들이려면 좀 더 신중할 필요가 있다. 실제로 이 관행은 처음에는 아름다워 보였지만 나중에는 교회 안에서 큰 부작용을 일으켰다(데살로니가후서 3:11). 이런 말씀을 읽을 때는 '나는 내 것을 얼마나 성도들과 나누면서 살고 있을까?' 하고 질문하는 정도가 적당할 것 같다. 내 태도를 반성하는 계기로 구절을 읽으면 어느 정도 균형이 맞는다.

물론 하나님께서 누군가에게 실제로 위의 구절로 명령하실 수도 있다. 그러나 하나님께서 당신 뜻을 알리려고 사용하는 '일반적인 방법'은 분명 아니다. 만약 하나님께서 성경에 적힌 문자 그대로 우리가 행하길 원하셨다면, 지금과는 다른 방식으로 우리 삶을 인도하셨을 것이다.

내 삶이 바라는 대로 되지 않아 슬플 때는

사람들을 향해서는 입을 닫고,

그저 하나님께만 입을 열어

내 마음을 쏟아놓는 것이 가장 현명하다.

개정판을 마치며

변화를 꿈꾸는 이 땅의 다윗들에게

살기가 팍팍해지면 꿈은 사라진다. 어릴 때는 누구나 꿈이 서울대학교였고, 원하는 직업은 선망받는 화려한 직군이었다. 그러나 그것이 내가 원한다고 이뤄지는 게 아니라는 것을 깨달으면 꿈은 점점 작아진다. 대학은 그냥 인 서울, 직장은 대기업이 아니라도 먹고살기에 지장 없는 수준으로 타협한다. 그러나 이마저도 쉬운 일이 아니다.

지금 중고등학생들은 '대학'에 가려고 열심히 공부한다. 그런데 대학에 들어오면 어떤 삶이 펼쳐질까? 가까스로 대학에 합격해도 값비싼 등록금 마련이라는 또 다른 현실적인 문제가 기다리고 있다. 물론 요즘은 국가 장학금이나 학자금 대출 제도가 잘 되어 있다. 그래도 기숙사비와 생활비 등 부수적인 비용까지 마련하려면 아르바이트를 뛰지 않고서는 힘들다. 졸업해도 계속되는 경기침체로 취업 문턱은 점점 높아지고 있다. 최근 한 신문에서 보도한 내용에 따르면 대학 졸업 및 취업 후에도 소득이 모자라 학자금 대출 상환을 시작도 못 하는 청년이 무려 10만 명 이상이라고 한다. 이런 경제적 상황 때문인지 우울증이나 공황장애 같은 정신적 문제에 시달리는 청년들도 많다.

현실이 이렇다 보니 평범한 청소년·청년들에게 "꿈이 뭐냐"는 질문은 부담스러울 수밖에 없다. 꿈을 꾼다는 것은 부모가 돈이 많거나 타고난 머리가 똑똑한, 그래서 자기가 원하는 대로 인생을 선택할 수 있는 소수에게 주어진 특권이라고 치부하기도 한다. 질문을 조금 바꿔서 "살고 싶은 인생이 어떤 모습이냐"라고 물으면 그나마 대답이 돌아온다. 살을 빼거나 외모를 가꿔 훈남 훈녀가 되고 각종 명품과 호캉스, 해외여행을 마음껏 즐길 수 있을 정도로 돈을 잘 벌어 주위의 부러움을 사는 삶이다. 그러나 꿈이라고 말하기에는 조금 떨떠름한 감이 있다. 본인도 그걸 알기에 꿈이 뭐냐는 질문에는 부담스러워하는 것이리라.

꿈은 사치라고 말하는 시대. 노력보다는 집안이나 출신, 재능이 더 중요하다고 말하는 시대. 열심히 사는 사람이 오히려 조롱받는 이 시대에서 우리 크리스천들은 어떻게 살아야 하는 걸까? 우리가 이 세상에서 해야 할 역할은 무엇일까?

하나님께서는 꿈을 잃어가는 시대에 우리가 '그럼에도 불구하고 꿈꾸는 사람들'이 되기를 바라신다. 세상 사람들이 보지 못하는 것을 보고, 우리가 가진 것을 그들에게 나눠주고, 우리가 보는 아름다운 미래의 모습이 그들 삶에서도 일어나도록 만드는 것. 우리가 부름을 받은 것은 그런 변화를 위해서가 아닐까?

우리가 먼저 변해야 한다. 세상이 그렇다고 우리마저 그럴 수는 없다. 이토록 살기 어려운 세상에서 나쁜 방법이 아니라 실력과 부지런함으로 정정당당하게 승리하는 모습을 보여야 한다. 꿈을 잃고 사는 사람들에게 꿈을 가지고 노력하는 삶이 무엇인지 보여줘야 한다.

우리는 정확히 자신이 변하는 만큼만 주위를 변화시킬 수 있다. 그러기에 가장 먼저 하나님 앞에서 우리 스스로가 변화해야 한다. 이를 위해 우리가 해야 할 일은 무엇일까?

만약 내일 당장 주님께서 오신다면, 훗날 의료선교를 하겠다고 의대에서 공부하고 있는 학생과 아프리카에서 선교하고 있는 사람이 받을 상이 다를까? 혹 그렇다면 우리가 학교에 다니면서 미래를 준비하는 것은 잘못된 삶일 것이다. 당장 길거리로 뛰쳐나가서 복음을 전하거나 오지로 떠나는 것 같은, 확실히 누가 봐도 선교인 게 하나님 앞에서 가치 있는 삶이라는 뜻이니까 말이다. 그러나 하나님께서는 우리를 각자의 자리에서 부르셨다.

학생은 하나님을 위해 공부하도록 부르심을 받았고, 선교사는 하나님을 위해 타국에서 복음을 전하도록 부르심을 받은 것이다. 모두 다 작전 감독이신 하나님의 지휘 아래 열심히 뛰는 선수들이다. 하나님께서는 자신의 계획에 따라 각각 필요한 곳에 우리를 배치하셨고, 우리는 각자의 자리에서 열심히 뛴 만큼 하나님의 칭찬을 받게 될 것이다.

하나님께 영광을 돌리는 삶이란 무엇일까? 성경을 힘써 읽고, 쉬지 않고 기도하며, 원하는 때를 얻든지 못 얻든지 복음을 전하고, 성도를 사랑하고 교회를 섬기며, 내가 속한 사회에 사랑을 나눠주고 봉사하는 것. 이런 것들이 일차적으로 하나님께 영광을 돌리는 삶의 예배다. 그러나 이것 못지않게 중요한 것이 있다. 바로 지금, 하나님께서 우리에게 맡기신 일에 최선을 다하는 삶이다.

하나님의 일에 우리 삶이 쓰임받으려면 어떻게 해야 할까? 당장 수업 시간에 집중해서 선생님의 설명을 듣고, 자습 시간에 떠들지 않고 문제를 풀며, 누구보다 치열하게 시험 준비를 하고, 휴식 시간에는 교양을 쌓으려고 독서를 하고… 사실 이 모든 행위가 하나님께 영광을 드리는 삶이다. 그것이 지금의 나에게 하나님께서 맡기신 일이고, 하나님의 일을 성취하는 데 필요한 과정이기 때문이다. 즉 우리가 아름다운 동기를 품고 공부에 최선을 다하면, 그 시간들은 결과에 상관없이 하나님께서 기쁘게 받으시는 향기로운 예배가 된다.

실력을 쌓는 현실의 삶, 영성을 회복하는 경건의 삶. 이 두 가지를 균형 있게 유지하면서 매일 자신의 삶을 변화하며 나아가면 결과는 하나님께서 알아서 만들어주신다. 사람은 당장 눈앞에 보이는 성과를 바라지만, 하나님의 관점으로 보면 우리가 하는 일에서 열매는 중요하지 않다. 그 열매를 맺게 하는 것은 우리가 아닌 하나님 자신이기 때문이다. 우리는 우리가 성취한 열매의 크기가 아니라, 하나님 앞에서 가졌던 선한 동기로 칭찬받게 될 것이다.

새가 날아오르기 위해서는 왼쪽과 오른쪽 날개가 모두 필요하다. 크리스천의 삶도 이와 마찬가지여서 두 가지 면에서 균형 있는 날갯짓이 필요하다. 하나는, 실력을 쌓기 위한 현실의 삶이다. 우리는 훗날 하나님께서 맡기실 일을 능숙하게 해낼 준비를 마친 사람이 되어야 한다. 다른 하나는 하나님께서 원하는 모습이 되기 위한 영성의 삶이다. 실력과 영성을 갖춘 사람에게 하나님은 '날개를 펄럭이며 높이 날아오르는 독수리의 삶'을 비전으로 주신다. 그와 같은 미래를 꿈꾸는 우리에게 하나님께서 부탁하신 것은 '지금' '눈앞에' 있는 공부라는 길에 충성하는 일이다. 아무도 따라올 자가 없을 정도로 몰입하는 일이다.

경기 시작 휘슬이 울렸다. 총감독이신 하나님께서 경기의 승리를 위해 우리를 부르셨다. 공부의 의미가 이와 같다면, 우리 인생 한 자락을 걸고 미친 듯이 몰두할 가치가 있는 것 아닐까? 이 책을 덮으면서 용기를 얻고 새로운 도전을 한다면 훗날 하나님은 이렇게 칭찬하실 것이다.

잘하였도다 착하고 충성된 종아 네가 작은 일에 충성하였으매 내가 많은 것을 네게 맡기리니 네 주인의 즐거움에 참여할지어다

(마태복음 25:21)

나의 존재 이유와 배움의 목적을 깨닫는 기적의 공부법

공부는 예배다

초판 1쇄 발행 2012년 1월 10일

개정1판 1쇄 발행 2014년 1월 29일
개정2판 1쇄 발행 2023년 12월 14일

글 박철범
펴낸이 김선식

부사장 김은영
콘텐츠사업2본부장 박현미
책임편집 권예경 **책임마케터** 문서희
콘텐츠사업7팀장 김단비 **콘텐츠사업7팀** 권예경, 이한결
편집관리팀 조세현, 백설희 **저작권팀** 한승빈, 이슬, 윤제희
마케팅본부장 권장규 **마케팅1팀** 최혜령, 오서영, 문서희
미디어홍보본부장 정명찬 **브랜드제휴팀** 안지혜
브랜드관리팀 오수미, 김은지, 이소영 **지식교양팀** 이수인, 염아라, 석찬미, 김혜원, 백지은
크리에이티브팀 임유나, 박지수, 변승주, 김화정, 장세진, 박장미 **뉴미디어팀** 김민정, 이지은, 홍수경, 서가을, 문윤정, 이예주
재무관리팀 하미선, 윤이경, 김재경, 이보람, 임혜정
인사총무팀 강미숙, 김혜진, 지석배, 황종원
제작관리팀 이소현, 최완규, 이지우, 김소영, 김진경, 박예찬
물류관리팀 김형기, 김선진, 한유현, 전태환, 전태연, 양문현, 최창우, 이민운
외부스태프 글 정리 이은영, 박햇님 표지 디자인 studio forb 본문 디자인 스튜디오 수박 표지 그림 디니

펴낸곳 다산북스 **출판등록** 2005년 12월 23일 제313-2005-00277호
주소 경기도 파주시 회동길 490 다산북스 파주사옥
전화 02-704-1724 **팩스** 02-703-2219 **이메일** dasanbooks@dasanbooks.com
홈페이지 www.dasan.group **블로그** blog.naver.com/dasan_books
용지 스마일몬스터 **인쇄 및 제본** 한영문화사 **코팅 및 후가공** 평창피앤지

ISBN 979-11-306-4999-3 (03230)